바람소리

김정태

수필과비평사

책을 묶으며

나는 겨우 쓴다. 겨우 쓴 같잖은 글을 너 댓 군데 잡지사에서 가져가 실어주었다. 그렇게 흩어졌던 것들을 모아서 두 번째 수필집을 엮는다.

어떤 이가 읽었을 수도 있고, 다른 이는 읽다 넘겨버렸을 수도 있을 터다.

난 누구를 위해서 글을 쓴다고 생각지는 않는다. 다만 내가 본 것, 보고 무늬로 느낀 것, 만질 수 있었던 것, 만져 느낄 수 있던 질감을 써보고자 했다. 보고 만지며 내게 닿았던 느낌의 구체성을 찾아보고자 했다. 그렇기는 하지만 더러는 끝끝내 만질 수 없었고, 또 더러는 몸에 닿지 않아 애를 태웠다. 그럴 때마다 난 글쓰기 앞에서 무참했다. 그러니 여기의 글들은 남의 이야기를 썼더라도 내 얘기밖에 될 수 없을 것이다. 그것을 부끄럽게 생각하지는 않는다.

어떤 것은 읽기 거북하고 어떤 것은 지나치게 편애해서 한쪽으로 기우는 것이 아니냐고 나무라는 이도 있을 터다. 허나 이젠 세상에 나아가 활자로 인박힌 내 글은 아니라는 것쯤 알고 있다. 그러니 읽는 이의 마음을 탓할 만큼 어리석진 않으니 글은 글대로 나는 나대로 구원 받을 길이 있어 다행이다.

내가 글을 쓴다는 것은 시가 됐든, 수필이 됐든 바라보는 대상이 감추고 있는 질감과 현상을 감지해 내가 느끼고 이해하는 것을 내 언어로 재구성하는 과정일 것이다. 언어로 재구성하기 위해서는 현상의 인식이나 그것을 통한 사유를 언어로 표현해 낼 수 있는 감각이 필요함은 더 말할 나위가 없다. 이런 인식의 과정이나 사유하는 과정을 언어로 나타낸 것이 문학의 어느 장르가 됐든 뿌리와 기둥을 만들어 갈 터인데, 어떤 것은 애를 써도 뿌리는 부실해서 물 들어올리기를 힘겨워 했고, 기둥은 제 구실을 하지 못할 때가 있었다. 그래도 꾸역꾸역 쓰다보면 몸에 닿지 않아 덜 삭여진 것들은 날것 그대로의 질감과 무늬로 남고는 했다. 이럴 땐 상상의 보자기를 좍 펼쳐야 하는데 보자기는 좁아터져 내 글쓰기는 여전히 아둔하니 연민을 받아 마땅하다.
　여기 끼적여 뫄 놓은 글들은 그렇게 겨우 쓴 글들이다.
　그 과정에서 그래도 놓치고 싶지 않아 애를 쓴 것이 있다면 지금의 자기부정을 통하여 진정한 나를 찾아가는 여정이고자 했다. 그 길이 어떤 의미에서 지금의 나를 찾아가 구원에 이르게 하는 길은 아니었나 생각해보는 것이다.
　종교적 구원에 이르는 길도 있을 터지만, 글쓰기가 나를 구원하는 길이라면 그것이 내가 글을 쓰는 이유가 될 것이다.

2025년 가을(泰紀67년)
서당골에서

차례

1부
바람소리

바람소리	10
냄새와 풍경	16
노을이 있던 자리	21
바람 일던 날의 풍경	25
역사와 나, 그리고 돌멩이	31
재	42
그 들판에 다시 서보니	48
나는 외로워지면 불을 지핀다.	53

2부
감꽃 핀 자리

감꽃 핀 자리	60
뒷박	66
길	71
밥이라 쓰고 법이라고 읽는다	77
어머니 이제 말씀 좀 해주세요.	82
어여 가거라, 바로 오너라	87
안방	92
초혼招魂	97

3부
나비물

나비물	106
감정에 대한 小考	110
그냥	114
그해 여름의 칸나	119
길 위에서	126
고구마	131
손님이 짜다면 짜다	135
복실이	138

4부

풍장風葬

풍장風葬	144
꽃신	149
내가 글을 쓴다는 것은	156
색깔과 빛깔	162
시간이 머문다는 것은	166
처음 가보는 길 위에서	172
두 아들에게 보내는 편지	178
수필산을 따라 오르며	186

〈평설〉 염결성의 문학, 한 시대를 증언하는
— 김지헌 문학평론가　　　　　195

1부

바람소리

바람소리
냄새와 풍경
노을이 있던 자리
바람 일던 날의 풍경
역사와 나, 그리고 돌멩이
재
그 들판에 다시 서보니
나는 외로워지면 불을 지핀다.

바람소리

〈〉

　　　　　　　　　　　바람은 제 힘만으로 앞서가는
바람을 밀고 간다. 그러면서 바람은 제 소리는 내지 않는다.
흔히 바람소리라고 하는 것은 바람이 어딘가로 밀려가며, 그
곳에 있는 물체에 닿아 섞이고 포개지며 감기는 과정에서 나
는 소리이다.

　담양의 대숲을 지나는 바람은 댓잎을 비비고 흔들어 소리
를 만든다. 이것은 댓잎만의 소리도 바람만의 소리도 아니
다. 순천만 갈대의 사운 대는 소리나 억새의 서걱거림도, 실
은 그들의 몸이 바람과 비벼져 내는 소리이지 바람 자체의
소리는 아닌 것이다. 그러기에 바람은 제 소리를 제 목청으
로는 내지 않고 다만 포개지고 감긴다.

　그런 과정에서 바람은 물체의 냄새를 제 몸에 섞는다. 이
럴 때 바람과 소리와 냄새는 치정癡情의 관계로 얽힌다. 이 무
슨 망발인가. 바람은 제 몸을 내주어 물체를 비비고 섞어 소
리를 낳고, 소리를 내던 물체는 품고 있던 냄새를 바람에 포

갠다. 이들 셋은 어떻게든 떨어질 수 없어 서로에게 연민을 얹는다.

우리가 듣는 바람소리는 바람이 섞인 풍경이고, 소리는 풍경으로 기억되는 게 아닐까. 고창의 들녘에 일렁이는 청보리밭 군무를 소리 없는 영상으로 보고 있어도 우린 바람의 소리를 듣는다. 기억하는 풍경에 바람소리가 배어있고, 내 몸에 닿는 바람의 느낌이 기억을 소환하여 풍경으로 펼쳐진다. 바람에 닿고 감겨도 소리는 나지 않을 것 같은 몸속의 어디에선가 때로는 바람소리를 듣곤 한다. 그것은 어느 봄날의 따스한 바람이기도하고, 뉘엿뉘엿 노을 진 가을 저녁의 풀냄새에 섞여 오기도 한다.

때로 바람은 스산한 상처이기도 하다. 자신의 상처를 자신의 혀로 핥으며 살아내는 삶처럼, 바람은 상처를 핥을 때도 있다. 느닷없이 불어온 바람은 대책 없는 아픈 삶의 충동을 데려온다. 어쩌다 바람이 가져온 이런 충동은 길 위의 삶 하나를 위태하고 무질서하게 만들기도 한다.

봄날의 바람은 꽃잎을 데려가 흙에 눕힌다. 바람이 꽃잎을 데려가 잠재우는 풍장風葬의 그 끝이다. 겨우 며칠 나뭇가지에 꼭지를 대고 있던 꽃잎이 바람에 날릴 때, 꽃잎의 아름다움은 절정에 닿는다. 양분을 공급받던 꼭지가 나무에서 떨어졌다면 꽃잎의 생은 이미 저문 것인데, 어쩌자고 바람에 실려 자신의 끝을 저토록 화려하게 장식하는가. 무리지어 나는 꽃잎들을 앞질러 분분하게 날리는 꽃잎은, 꽃상여 앞에서 휘날리는 만장輓章처럼 나부끼며 길을 연다. 이때 풍장의 풍경은 절정을 연출하는 것이다. 이럴 때 바람은 소리 없는 연출자이고 꽃잎은 주연이 된다. 주연은 스스로 연기하지는 않는다. 오롯이 연출자의 몫이다.

바람은 내 몸이 갈 수 없는 모든 길을 간다. 그러면서 까맣게 잊은 내 기억을 느닷없이 내 앞에 펼쳐 보이기도 한다. 풍경으로도 오지만 어느 때는 가뭇없이 몸에 닿아 남아있는 기억에 포개지고 비벼지기도 한다. 몸에 닿는 바람은 기억인지 바람만인지를 난 구분하지 못한다. 바람이 바람만으로 바람을 밀어가 듯, 바람이 내 몸속의 오래된 기억을 밀어 풍경으로 되살린 건지 난 알 수가 없다. 그도 아니면 바람이 자신의 창고에 있는 내 기억을 날아와 내게 가져다 준 건지 구별할 수가 없는 것이다. 바람이 내 기억을 소환해 준 것이라면, 바람은 내 기억의 주머니라도 가지고 있는 것은 아닐는지. 상념일 뿐이다. 귀가 순해진다는 나이를 훌쩍 넘어섰는데 바람의 어떤 소리도 구별하기란 여전히 내 몸 밖이다.

남도를 여행하며 동백꽃이 떨어지는 모습을 가까이서 지켜본 일이 있다. 제 몸의 무거움을 알고 있기 때문일까. 바람에 의지하지 않고 어느 순간 느닷없이 수직으로 뚝 떨어진다. 바람에 꽃잎 하나하나를 떼어주고 데리고 가는 대로 사선을 그으며 날아가는 매화나 벚꽃의 개별적 생의 끝과 사뭇 다르다.

바람이 부는 날의 동백은 후드득 떨어진다. 문득 있었던 것이 문득 없다. 이때도 바람은 소리를 내지 않고, 떨어진 동백은 구접스레 땅 위를 구르지 않는다. 바람은 마치 소임을 다한 듯 뒤따라오는 바람과 포개져 가던 제 길을 간다. 나는 동백 앞에서 순결한 바람의 끝을 만난다.

내 몸에 닿는 모든 것에 민감해 있던 사춘기 시절의 어느 날, 바람이 전하는 소리를 바람결에 들었다. 그것은 바람이 전하는 바람 소리였다. 볼 수 없고 만질 수 없기에 나는 그 바람의 무늬와 질감을 아직 알지 못한다.

어머니를 힘들게 한 것이 아버지의 독선이라 짐작은 하고 있었지만, 한 여인의 삶을 등한시한 사건은 어머니의 가슴 속에 피고 또 피는 한의 꽃이었다.

그것이 아버지에게는 한낱 바람같이 지나쳐도 좋을 중년 남성의 낭만이었는지 모르지만, 그 세찬 바람을 온전히 받아 내야 했던 것은 어머니의 몸이었다. 남들이 보기에는 풍류와 낭만이 깃든 잠깐 스치는 바람쯤으로 볼 수도 있겠지만, 한파 몰아치는 첫새벽처럼 문을 열고 바람살을 안고 간 건 어머니 혼자였다. 바람을 몰고 왔던 아버지는 철없이 덩달아 펄럭이던 두루마기 앞자락을 여미고 태풍 지나간 밤 아침을 맞듯, 실바람마저 재워 놓고 선산에 잠들었다. 이제는 자식의 얼굴조차 희미해져 가는 구순의 어머니는 그날의 모래알

바람소리

섞인 돌개바람 소리를 기억하고 계실까. 아니면 기억의 창고가 있을 것 같은 바람 이는 곳에 어머니의 기억이 풍경으로 남아 있는 것은 아닐까. 자칫 젖어버린 속옷을 갈아 입혀드리면 뽀송한 요대기 위에 오도카니 앉아있는 소녀, 바람은 소리 없이 제 길 인양 스쳐지나갔지만 소녀의 가슴에 쌓였을 모래바람 일던 날들은 여전히 그 자리에 머물러 있을 것만 같다.

바람은 어디든지 가고 어디에도 머무르지 않는다. 바람이 머문다는 것은 이미 바람이 소멸되어 존재하지 않는 것 일터인데 우리는 '바람이 잦아드는 것'을 흔히 '바람이 잔다.'고 한다. 그날에 불어와 어머니가 들어야했던 바람소리는 가뭇없이 가라앉는 당신의 몸 속 어디에서 자지 않고 있는 것은 아닐까. 어머니만이 볼 수 있고 만질 수 있었던 바람의 무늬와 질감을 몸에 새기고 있는 건 아닐는지.

지나가는 바람은 무언가에 부딪쳐 소리를 낸다. 어릴 적 동구 밖에서 불어온 바람은 고샅을 지나고 삽짝을 들어서서 마당의 흙먼지를 뽀얗게 일으키고, 부엌궁둥이에 감기며 숨을 거뒀다. 그런 바람은 봄에도 불고 가을에도 불었다. 여름의 바람은 맨살에 감기어 칙칙하고, 겨울의 그것은 깊게 파고들어 소란하고 매정하다. 예고도 않고 대중없이 불어오는 바람은 충동적이고 무질서 하다. 신라의 바람과 백제의 바람결이 다르지 않았을 것이고, 7세기와 21세기 바람의 성정이

다르지 않을 터이다. 그러나 바람이 일고 사그라진다는 것은 우주의 과학 원리를 들먹여야만 설명이 가능하니 사소한 일은 아닐 터, 삶의 길 위에서 바람소리는 들리고, 들어야 할 때가 있다. 바람의 소리인지 바람이 무엇엔가 스며들어 내는 소리인지를 구별해야 할 나이가 된 듯하다. 하지만 아직 귀가 순해질 기미가 보이지 않으니 스스로에게 연민을 얹을 뿐이다.

 대숲에 가고 싶다. 억새와 갈대숲에 눕고 싶다. 창창한 청보리밭 가운데 서 있어 보면 어떨까. 눈 내리는 추운 날, 같이 하얘진 자작나무숲이면 또 어떠랴. 댓잎소리, 억새와 갈대의 사운 대는 소리, 청보리가 눕고 일어나는 춤사위에 배어있는 소리, 자작나무의 속살에서 나는 소리를 듣고 싶다.

 바람이 실어와 펼쳐놓은 풍경만으로 바람의 소리를 듣고 싶다.

냄새와 풍경

냄새는 기억으로 남는다. 실체는 볼 수 없으나 풍기던 냄새가 지금 나지 않는 다고 없어진 것은 아니다. 기억 속의 냄새는 풍경을 소환하고, 펼쳐지는 풍경 속에는 지나간 삶의 자국이 어떤 냄새와 겹쳐있다. 여러 가지 냄새가 융합되고 풀어질 때, 지나온 날들의 풍경이 냄새에 섞여 펼쳐지고 더러 버무려지는 것이다.

냄새는 사람이 가지고 있는 감각 중에 동물과 가장 가까운 본능의 원시적 감각일 텐데, 인간 보다 훨씬 뛰어난 감각을 가진 동물도 맞지 못하는 냄새를 사람은 맡을 수 있을 때가 있다. 그것이 실존의 물리적, 화학적 냄새라고 할 수 있을 지는 논쟁의 여지가 있겠지만, 우리는 그것도 냄새라고 한다. 어떤 사람에게서 풍기는 냄새가 그런 것일진대, 꼭 인격이나 품격을 말하는 것이 아니더라도 그 사람 고유의 냄새가 있을 수 있는 것이다.

볕 좋은 날, 어머니는 그냥 흩어져 버려지는 볕을 아까워

했다. 빨래를 널고 집안의 눅눅해진 물건을 내다 볕을 쪼이게 했다. 창고에 널려있던 대바구니나 광주리 등을 내다 말렸다. 그럴 때 마당에 이는 바람에서는 햇볕의 냄새가 났다. 햇볕이 대바구니나 광주리에 닿아 수분을 증발시킬 때 나는 냄새겠지만 기억엔 햇볕의 냄새로 저장되어 있는 것이다.

햇볕이 마당에 온통 쏟아지는 날, 바람은 자고 고양이만 졸고 있던 마당엔 그냥 흘러내려가는 볕이 아까워 어머니는 분주했었다. 이제 어머니는 볕의 눈치를 살피지도 않고, 넘치는 볕을 아까워하지 않는다. 아니 넘쳐흐르는 볕을 알아차리지 못한다.

아침이었다. 어머니 방문을 습관처럼 열었다. 역한 냄새가 확 다가왔다. 서둘러 뒷일을 수습했다. 버릴 것은 욱여싸서 버리고 빨 것은 세탁기에 집어넣었다. 어릴 적부터 기억에 남아 있는 내 어머니 냄새는 아니다.

동네에서 때가 지나는 것도 모르고 대중없이 놀 때가 많았다. 설핏한 노을에 놀라 부엌으로 뛰어들며 '엄마, 밥 줘' 하고 얼굴을 묻던 꼬깃꼬깃한 무명치마, 거기에 배어있는 고릿한 냄새가 동무에게 떼인 왕딱지나 구슬을 까맣게 잊게 했다. 평생 그 냄새의 기억은 변하지 않는 몇몇의 풍경을 소환하곤 한다. 그게 내게는 어머니의 냄새고, 내 어머니의 실체다.

지금 어머니는 앞에 누워계시되 냄새로 기억되어 풍경이

소환되는 어머니가 아니다. 내 기억의 창고에 냄새로 기억되던 어머니의 모습은 어디로 갔는가. 아니면 내 어릴 적 당신에 대한 따스한 정서가 무뎌지고 무너졌음인가.

똥 냄새는 가장 원초적이다. 몸이 늙으면 똥도 늙는가 보다. 찌르는 듯 날카로운 젊은이의 그것과 다르다. 모든 노인의 똥이 다 그런지는 알 수 없다. 젖을 먹는 어린아이의 똥이 젖비린내에 젖어 순한 냄새를 내듯, 몸은 삭정이처럼 삭고 정신은 어린아이로 돌아간 노모의 똥도 순할 거까지는 미치지 못해도 날카롭게 찌르는 성질은 누그러져 있다. 그래도 똥내 나는 똥이고 어머니의 똥도 똥이다.

어릴 적, 긴 겨울이 지나고 농사철이 되면 온 동네가 똥냄새로 범벅이 되었다. 사람의 똥을 비료로 사용하던 시절이다. 집집마다 마당 구석에 푸세식 뒷간이 있었다. 봄이 되면 독 안의 일부는 들로 나가고 나머지는 두엄터에서 버무려졌다. 두엄터에는 외양간에서 나온 소똥도 있고, 울타리 주변에서 긁어 모둔 개똥도 있었다. 인간의 똥과 짐승의 똥은 서로 포개지고 비벼져 동일한 대접을 받았다. 이런 일들은 일철이 시작되는 봄날의 며칠간 마을 전체에서 계속되었으므로 냄새는 뒤섞여 계통 없이 마을에 머물렀다. 볕이 좋은 날이 이어지면 냄새는 말라 가벼워지고 순해져 마을을 떠났지만, 날이 궂은 날 순해지지 않은 냄새는 제 몸을 가누지 못하고 낮게 깔려 여러 날 머물렀다. 소년기의 정서 속에 봄날의 똥냄새는 깊지만, 그 시절 흔한, 그저 그런 풍경으로 기억되어서인지 이제는 멀고 흐리다.

시골의 여름 풍경은 비릿한 풀냄새로 가득하다. 논밭을 갈고 곡식을 옮기고 하는 힘든 일들을 거개가 소들이 한몫을 단단히 했다. 집집마다 소는 없어서는 안 될 귀한 존재였다. 그러다 보니 그들을 잘 먹이고 재워야했다. 그건 사람의 몫이지만 제 편하자고 하는 것이니 감내해야 될 수고다. 끌고 나가 풀을 뜯기고, 꼴을 베어다 죽을 끓여 먹였다. 가끔은 영양식을 만들어 보신을 시키기도 했다.

들풀을 주식으로 먹고 자라는 소들의 똥에서는 독하고 찌르는 냄새가 나지 않는다. 여름의 소똥에서는 풀냄새가 배어 있었다. 초겨울 들판에서 만나는 굳은 소똥에서는 풀 향기와 햇볕의 냄새가 동시에 배어 있었다. 소똥을 모아놓고 불을 붙이면 냄새는 최고조에 달한다. 얼음위에서 놀다 구멍 난 젖은 양말을 말리고 언 발을 녹였다. 불에 타는 소똥을 한 덩어리 잡고 돌리면 휙휙 소리를 내며 불은 더 깊어지고 풀냄새는 더 멀리 퍼졌다. 냄새의 기억과 함께 그려지는 내 소년기의 풍경 중 상급 정서에 속하는 그림이다.

그렇긴 하되, 소년시절 똥냄새 기억에는 버무려지고 포개진 기억의 무늬들이 겹쳐져 있다. 온 동네가 사람의 똥냄새로 진동을 하는 봄날에 마루에 앉아 밥을 먹었다. 무거운 냄새가 마을을 지배하는 저녁, 서향이었던 집 마루에서 바라보는 노을은 붉다 못해 산까지 태우고 아래로 내려오며 순하게 식어갔다. 똥냄새도 지울 겸, 모기도 쫓을 겸 밥상을 들인 어머니는 마당에서 다시 분주했다. 말려놓은 쑥대를 젖은 풀과 섞어 불을 지피면 쑥 냄새와 풀 타는 냄새, 그리고 연기 속의 노을은 기억의 저편에 젊은 어머니의 얼굴을 채색해 가는 과정이다. 몸에 배어있는 냄새를 털어내고 뒤늦게 밥상머리에 앉으며, '똥 냄새 좀 가셨지.' 하시던 몸에서는 연기냄새에 버무려진 쑥 냄새가 났다.

어머니는 이제 당신의 몸에서 나는 냄새를 알지 못한다. 볕이 마당에 넘쳐나도 아까운 줄 모른다.

볕 좋고 바람 자는 날, 평안히 앉혀드리면 말없이 볕을 받아낼 뿐이다.

내다 널렀던 어머니의 옷을 걷어다 개키고 있는데 빨래를 끌어당겨 냄새를 맡으신다. 당신의 몸에서 나온 것에 냄새가 가셨는지 맡아보는 건지. 혹 햇볕의 냄새를 맡고 계신 건 아닐까. 어머니 머릿속 풍경을 난 알아차릴 수가 없다. 어머니의 시간은 냄새도 풍경도 흐려지고 멀어져 간다.

노을이 있던 자리

배경으로 그려진 노을은 언제나 발갛고 그 위에 그려진 그림은 색도 바라지 않는다. 누군들 지는 노을 한 번쯤 바라보지 않은 사람이 있을까마는 학교를 마치고 고향집을 떠날 때까지 일부러 보지 않아도 눈에 들어오던 게 저녁노을이다. 산으로 가려져 시선이 닿지 못하는 그 너머의 풍경까지 그릴 수 있으니 지난 계절이 아득하고, 생각에 잠길 때 아늑하다.

집이 정서향으로 앉은 탓도 있겠지만 꼭 그것만은 아닌듯한 기억이 여러 편 있다.

해질 무렵 마루 한편에 앉으면 야트막한 앞산이 보였다. 언제부터 있었는지 모를 봉분 머리가 두어 개 납작하게 보이고, 바짝 들여 밭을 일궈 아랫도리가 벌겋게 들어난 밭둑 위로는 보랏빛 쑥부쟁이가 넘실댔다. 보랏빛 사이사이로 비비 꼬며 올라간 쥐눈이콩 줄기가 도깨비바늘 대궁을 감고 대중없이 서있다. 바람이 불면 보랏빛과 줄기와 대궁은 개별적으로 흔들렸다. 눈여겨 볼 무엇이 있었던 건 아닌듯하다.

 어릴 적 한참을 기다려도 밭에 갔을 엄마는 돌아오지 않는 날이 많았다. 재미없는 숙제를 마쳤을 때 지루하고 따분한 맘으로 집 앞 언덕에 오르곤 했다. 개별적으로 흔들리던 것들 사이엔 오종종한 풀들이 엎드려 있었다. 씀바귀, 토끼풀, 쇠뜨기 풀들 발치를 오가는 개미들은 바빠 보였다. 설핏한 저녁 해에 놀라 갔던 길을 되짚어 집으로 올 때, 멋쩍게 일찍 오른 달빛은 내 키를 두 배쯤 키워 바닥에 눕히는 것인데 그 그림자가 내 발치에서 어른거렸다. 이때쯤 서쪽 하늘은 검붉은 색으로 변해 있고 멀리 보이는 산 밑은 이미 어둑해져 있었다.

 어느 한 계절에 머물지 않고, 겹쳐지고 포개진 기억의 풍경들이 혼란스러운 것만은 아니다. 아마 어린 시절부터 차곡하게 쌓여진 나름의 질서를 지키고 있는 때문일 것이다. 여름의 배경에 겨울 그림이 포개지고, 여름날의 노을에 가을 풍경이 겹친다. 그게 아무렇지도 않게 계통을 유지하고 있으니 안으로 쌓여지며 흔른 계절이 무색하다.

 가장 많은 시간을 노을에 뺏긴 것은 20대의 한 때였지 싶다. 가보고 싶은 길은 막혀 있었고, 갈 수 있는 길들은 내 속에서 쭈뼛대고 있었다. 지금도 가지 못한 길은 아쉽고 가지 않은 길은 아깝지만, 당시의 한 젊음은 분명하게 획을 긋지 못하고 어정쩡하게 노을을 바라보고 있었을 것이다. 날씨가 매일 맑아 발간 노을을 볼 수 있었던 것은 아닐 터이다. 그런데도 기억 속에 있는 그 때의 날들이 노을과 함께 물들고 노을과 같이 침몰하는 저녁을 맞이했던 기억이다.

전공한 학과에서 뻔히 보이는 길은 이미 손사래를 친 이후였다. 무임승차로 탈 수 있는 교직에의 길도 손을 들지 않아 지나친 이후이고 보니 멈출 수도 갈아 탈 수도 없어 정류장에 서 있는 상황이었다.

그 시절에도 해 질 무렵이면 언덕에 오르곤 했다. 야트막한 언덕과 잇댄 납작한 산허리를 둘러 허연 수염을 너풀거리며 억새가 바람에 일렁였다. 억새가 무더기로 뿌리를 박고 있는 옆 둔덕이 앞 들판에서 불어오는 바람맞이여서, 평평한 내몽골 앞뜰을 훑으며 다다른 바람은 억새를 흔들다 마지막 숨을 거두었다. 그때 숨을 거두던 바람을 만질 수 없고, 내 몸 속에 넣어 경험할 수 없으니 그때의 일렁이던 억새의 정서를 난 자세히 일러줄 수 없다. 다만 바람이 마지막 숨을 거둘 때쯤엔 노을이 발갛게 물드는 시간과 겹쳐지는 것인데 당시의 내 마음이 고양됨도 이 시간과 무관하지 않다. 그 버무려진 시간들이 모두 노을의 풍경과 포개진다.

이 때 쯤 따가운 햇살 아래서 딱정벌레처럼 땅바닥에 들러붙어 밭고랑을 오가던 아낙들이 억새처럼 흔들리며 일어서곤 했다. 머리에 쓰고 있던 무명 두건을 벗어 땀을 훔치며 일렬로 밭고랑을 나올 때, 너풀거리는 억새의 수염과 무명두건은 구분할 수 없었다. 그렇긴 하지만 흐릿해진 내 눈 안에 그려진 풍경은 순결하고 경건한 그림으로 각인돼 있다. 난 한평생 그만큼의 경건 속에 들어가 보기는 했던가. 아낙들이 밭고랑을 나와 언덕 쪽으로 들어 설 때, 이미 바닥에 늘어진 아낙들의 그림자는 산그림자와 겹쳐 지워졌다. 이런 그림에서 설핏한 가을 햇살은 왜 그리 서늘한 풍경으로 남아 있는건지. 어둑해지는 들녘에서 아낙들을 멀리 두고, 나도 집으로 발걸음을 되짚으며 찔끔 눈물이 흘렀던가.

되짚어 오는 언덕에 오르면 멀리 보이는 신작로에는 낮에 먼지를 뽀얗게 뒤집어쓰고 내달리던 차들이 흐릿한 불빛을 매달기 시작했다. 불빛이 출렁이며 미루나무 허리를 무심한 듯 간지럽혔다. 제가 만든 제 그림자를 매달고 어둑해지는 노을 속으로 하나씩 빨려 들어가곤 했다.

기억에 저장된 노을을 배경으로 한 그림들이 어디 이것뿐이랴. 뒤져보면 흩어진 저장고에는 선명한 그림도 꽤 여럿 보관돼 있다. 죄다 노을과 얽힌 그림이다. 내 초라한 글들의 시원이 여기서 발원하니 바라고 헤진 곳을 복원하는 일이 잦다. 덧대고 이어붙이다 뭉개지고 탁해진 풍경은 왜 없으랴.

그렇긴 하거니와 내 영세한 글들이 이어지는 마디마다 노을에 잇닿아 있다. 노을이 있던 자리에 기대어 홀로 서지 못하는 내 가난한 글들에게 연민을 얹는다.

바람 일던 날의 풍경

서울은 신산하고 황량했으며 윗도리를 젖히고 품으로 파고 들던 바람은 별나게 찼던 기억만으로 남아 있다. 사계절을 몇 번이나 거쳤는데 늘 찬바람만 불어왔을까. 그런데 이상하게도 늘 차가운 바람만 불던 기억으로 남아있다. 그건 무 꽁다리 하나 거져는 취할 수 없었던 한 시절이 거기에 함몰되어 있기 때문일 것이다. 멀어져 흐려진 기억임에도 언뜻 느껴질 때는 지금도 써늘하다.

전철에서 내려 집으로 향하는 주택가 골목에는 찢어진 신문조각들과 가로수에서 떨어진 낙엽들이 뒤엉켜 지저분했다. 어느 날엔가 버려진 남성용 피임기구가 담장 밑의 길가에 낙엽처럼 널려 있는 것을 보고 '그래도 사랑은 이어지는구나' 하며 냉소를 지었던 기억도 있다. 그런 골목 담벼락엔 으레 '소변금지'라는 낙서가 돼있고 큼지막한 가위가 그려져 있었다. 소변금지를 어기면 그 큰 가위로 무엇을 어찌하겠다는 얘긴지 설명은 없다. 내가 한 시절을 보낸 서울 당산동의 쓸쓸한 풍경이다.

 그 곳에서의 어느 가을날이지 싶다. 지상으로 나온 지하철이 잠시 바깥을 달리는 구간의 양 옆으로 플라타너스 이파리가 매연에 찌든 채 바람에 흔들리고 있었다. 겨울은 아직 이른데 단풍 들기 전 말라버린 잎들이 떨어져 울퉁불퉁하고 축축한 바닥에 뒹굴었다. 더러는 깨진 보도블록 사이에 끼어 구르지 못하고 제 몸을 떨다가 지나가는 발길에 닳아 없어졌다.

 이런 날 퇴근하는 길에 소주 한 잔은 필수다. 골목의 끝에 여지없이 포장마차가 있다. 간단한 안주와 소주 반병을 시켰는데 온전한 한 병이 앞에 놓인다. (잔술도 팔던 시절이다.) 반병짜리가 옆에 있음에도 한 병을 내미는 것은 나름 주인의 상술임을 안다. '먹다가 남기시유' 하는 말 속에는 '한 병도 모자랄 거 같은데'하는 주인의 비아냥거림이 섞여있다. 내 그 뜻을 모르는바 아니지만 그냥 따라 마신다. 술이 고플 때는 거푸 두 잔을 마시고 첫 안주를 집는 게 나름 내 주법이며 반병을 한 병으로 만들어준 주인에 대한 예법이다. 이런 날은 잘 취하지 않는다. 등 뒤의 포장이 바람에 밀려 젖은 낙엽 같은 나를 민다. 이럴 땐 다음 손님이 들어설 때 슬그머니 일어나는 것이 또 나름의 예의다. 매뉴얼로 정한 것은 없지만 난 이 규칙을 웬만하면 지킨다. 그 시절을 떠올릴 때마다 겹쳐지는 겨울날의 삽화다.

집으로 들어가기 전에 포장마차가 하나 더 있다. 이번엔 지나쳐야 할 일이다.

당산동 시절 세상에 나온 큰애는 자주 울었다. 배고프다고 울고, 똥 쌌다고 울고, 불쑥 방안으로 들어서는 아비를 보고 울고, 자다가 울고, 깨서 울었다. 부엌을 통해 들어가는 방은 울음소리만 괴어 있는 듯했다. 어찌 울기만 했을까. 당시 축축한 내 정서와 무관하지 않을 것이다. 울음 때문에 이틀 밤을 설치고, 사흘 째 밤에 또 울어 포대기로 덮어 씌웠다가 아내에게 호되게 혼이 났다. 비정한 아비의 표상으로 지금도 비난을 받고 있다. 이 때 울음소리를 피해 차가운 부엌궁둥이에 나와 서면 전철이 지나며 일으킨 바람이 왜 그리 극성스럽게 불어대던지. 밤이 이슥토록 온기를 품고 있는 넉넉한 시골집 부엌궁둥이에 얼굴 채 묻고 싶은 날이었다. 이런 상황을 모면하고자 지나쳤던 포장마차를 다시 찾으면 안주 접시에 푹 퍼진 칼국수 가닥 같은 죽은 낙지가 접시보다 더 넓게 널브러져 있었던가. 스산한 기억만 남아 있다. 바람 일던 날들의 내가 살던 서울 당산동 풍경이다.

어느 하루, 가랑비가 제 몸의 가벼움에 사선을 긋고, 바닥에 들러붙지 못한 프라다너스 잎이 신작로 바닥에서 질질 끌려가고 있었다. 바람이 감기며 이파리 하나가 날아와 내 얼굴에 철썩 들어붙었다. 떼어내려고 왼쪽을 당기면 오른 쪽이 들어붙고, 오른쪽을 당기면 왼쪽이 들어붙었다. 이럴 때 신산한 마음은 끝 간 데 없이 이어져 짜증으로까지 버무려지기 십상이다.

  바람 이는 고향 시골길은 걷기에 참 좋았다. 신작로 양 옆으로 도열해 있는 미루나무는 제 몸을 논 위에 널어놓고 노을이 짙어질 때까지 키를 늘려갔다.

  중학교에 들어가 대학 2학년을 마치고 군에 입대할 때까지 신작로를 따라 오갔다. 만원 버스에서 내려 신작로에 들어서면 냄새부터 달랐다. 집에 가는데 어른 걸음으로 20여분이면 갈 길을 한 시간 씩 늘려 잡고 걷던 날도 자주 있었다. 가령 토요일 같은 날은 집에 가는 시간이 대중없이 늘어졌다.

  영화보기를 좋아했던 탓에 토요일이면 비슷한 취향을 가진 친구들과 어울려 영화관을 찾았다. 간혹 생활지도를 나온 선생님들과 맞닥뜨리기도 했지만 그런 일이 잦다보니 선생님을 따돌리는 요령도 만만찮게 지능화 되어갔다. 어쨌든 두 편을 다 보고 다음 영화를 알리는 '대한 뉴우스'까지 알뜰히 챙기고 나오면 밤이 이슥했다. 시내버스에서 내려 시골집까지 가는 밤길의 신작로는 걷기에 여간 좋지 않았다. 정류장에 내릴 때 옆 동네에 사는 여학생이라도 만나면 더욱 운수 좋은 날이다.

  어둑해진 신작로를 걸으며 방금 본 영화에 뻥을 섞어 얘기하며 걸었다. 여학생은 어둠 속에서 뒤처지지 않으려고 어깨를 스치며 바짝 따라붙었다. 이럴 때 어둠은 나를 빛나게 하는 조연이다. 낮에 비라도 내린 날은 영화얘기에 묻혀 물웅덩이에 빠지기 일쑤였다. 질척거리는 운동화 속이 따뜻하게 데워 질쯤이면 동구 밖에 도착해 있곤 했다.

바람 일던 날의 저녁 어스름, 조락하는 미루나무 잎이 우- 몰려왔다 발목을 훑으며 지나갈 때, 아 그 아늑함이라니. 어떤 날은 갑자기 회오리바람이 몰아쳐 고샅의 먼지를 휘감고 낙엽과 함께 하늘로 치솟았다. 그럴 때 사립문을 뛰어들면 이내 들리는 어머니의 목소리. 그리고 괜스레 죄송함. 내 글 속의 많은 정서가 이런 풍경과 무관하지 않다.

실바람 불던 날, 비가 내리며 가볍게 사선을 긋고, 젖은 미루나무 잎이 떼로 몰리며 길옆을 쓸고 지나가고, 빗질 해놓은 듯 정갈한 신작로 길을 타박타박 걷던 그런 날들이 좋았다.

서울을 떠난 지 오래됐지만 그곳에서 마주했던 신산하고 황량했던 바람 일던 날을 이제는 더 이상 만날 수 없다. 그날의 풍경은 점점 멀고 흐려져 기억의 창고 바닥에 잠겼다. 이상한 것은 서울에서 일던 바람을 맞은 것이, 시골 신작로를 걷던 일보다 가까운 일인데 그건 더 멀어지고 먼 것이 더 가깝게 느껴지니 좋지 않은 기억은 잊히기 마련인가 보다. 기억의 창고 아래쪽에 머물 거라는 기억은 뜬금없이 문득 재생되니 말이다. 바람 일던 그 신작로를 함께 걷던 사람들은 이제 마을에 없다. 밤길을 함께 걸었던 여학생도 각자의 개성

대로 도시로 나갔고 그곳의 바람을 맞이할 것이다.

바라기는 그들이 내가 서울 당신동의 어느 골목에서 만났던 스산한 바람을 따뜻한 바람으로 맞았으면 좋겠다.

산다는 것은 여러 가지 바람을, 도심의 골목에서, 시골의 신작로에서, 집 앞 고샅에서 맞는 일이 아닐는지. 그 바람이 봄날의 훈풍으로만 기억에 남길 소망해 본다.

역사와 나, 그리고 돌멩이

나의 이 글은 내가 개별적으로 보고 듣고 겪은 일들에 기대어 있다. 그러니 내 개인의 서사이지 이 나라 역사를 들춤에 미치지 못한다. 한 시대를 관통하며 새겨진 무늬는 나이테처럼 각자의 몸에 쟁여져 있고 더러 옹이로 박혀 있겠지만 거대한 흐름에 모두 편입되지는 못한다. 개인이 개별적으로 가지고 있다가 지층의 밑바닥에 돌멩이와 함께 매몰되기 일쑤다. 이 글도 어디쯤의 구비에서 자취를 감출 것이라고 나는 믿는다.

태어나 두 살에 4·19를, 세 살엔 5·16을 보았다. 물론 그 현장에 있었다거나 직접 보았다는 얘기는 아니다. 청년이 되고 어른이 되어 보니 그때 이 나라에 그런 일이 있었다는 말이다. 올려다 본 최정상엔 이데올로기의 깃발이 펄럭이고 있었다. 4·19때는 기저귀를 더럽혀 젊은 어머니의 바쁜 일손에 일조하고 있었을 것이고, 5·16때는 궁한 대로 두어마디 나름의 생존을 위한 말을 익혀가고 있지 않았을까. 그러니 깃발을 그려본 것도 한참 후의 일이 될 것이다.

  세상에 나와 보니 대한민국은 도무지 사람이 살만한 세상이 아니었다. 58년 개띠, 59년 돼지띠, 60년 쥐띠로 이어지는 폭발적 탄생의 연대기는 그 수가 해마다 100만을 넘기고 있었다. 아직 어려 인식하지 못하면서 역사의 거대한 바퀴에 실려 비슷한 궤적을 따라가며 구경한 인생들이 수백만 명은 되는 것이다. 나도 그 시절의 수백만 중의 하나였으며 그들은 지금 60대의 중반에 걸쳐 젊은이도 노인도 아닌 어정쩡한 연배에 닿아있다.

  1959년 내가 태어나던 때의 대한민국은 무엇보다도 먼저 가난한 나라였다. 내남 할 것 없이 모두 평등하게 가난했다. 그 중 몇은 조금 더 나은 삶을 살아가고 있었겠지만 내 주변의 거지반이 절대빈곤을 벗어나지 못하고 있었다. 삶이란 것이 그저 세끼 밥이 해결된다고 온전한 인간의 삶이라고 할 수는 없을 것이다. 사람으로서 최소한의 품격과 품격을 유지할 수 있는 인격이 있어야하는데, 세 끼 밥도 제대로 해결하지 못하면서 품격 있는 삶이 유지될 수는 없으며, 인격적인 삶을 입에 올리기에는 무리가 따른다.

  시간이 흘러 내가 초등학교를 졸업하고 중고등학생의 청소년기를 지나면서 물질적 삶은 조금씩 나아지긴 했다. 소득이 늘어나자 평등했던 빈곤은 구조화 되어갔고 그런 구조적 빈곤은 차츰 토착화의 길을 거치며 세습되어가는 양상으로 나타났다. 이런 과정에서 두드러지게 나타나는 현상은 가난이 물질적 결핍만으로 결정되는 것은 아니라는 사실이다. 거기에는 소외와 차별, 박탈감과 멸시가 동시에 추근거리는 것이다. 국가 전체의 경제발전에 따른 소득분배 등이 이루어지는 거대담론을 들추어 말하기에 나의 지식과 사상은 빈약하지만 눈앞에서 벌어지는 일들을 듣고, 보고, 겪은 것들을 나는 겨우 말할 수는 있다.

세 살 때 벌어진 일로 군복을 양복으로 갈아입은 이가 권좌에 앉아 '반공', '멸공'을 국시로 삼았다지만 직접 본 것은 아니니 그때의 일을 자세히 말할 수 있는 처지도 아니다. 다만 "나는 공산당이 싫어요." 했다고 입이 찢겨 살해당했다는 이승복은 나와 동갑내기다. 내가 초등학교 3학년 이었으니 그도 3학년에 다니고 있었을 것이다. 야만적 폭력을 지휘하는 선두에는 항상 무장된 이념이 따르기 마련이다. 나나 승복이나 이념이 뭔지 사상이 뭔지 알 수 있는 나이가 아니었다. 폭력이 두려워 싫은 걸 싫다고 했을 것이다. 열 살 된 승복이 애국심이 솟아나서 한 말도 아닐 것이고, 그들의 생각과 다른 이념의 깃발을 그들 앞에서 휘둘러 본 것도 아닐 것이다. 다만 열 살 먹은 아이의 정직한 말이고 삶이라고 믿는다.

동갑내기 이승복의 죽음 이후 이 나라에 흩어져 살고 있는 어린 우리들도 철저히 이념으로 무장되어져 갔다. '때려잡자 김일성.' 동사와 고유명사로만 이루어진 이 단순한 문장은 내

유년시절 알고 있던 가장 참혹한 말이었고 지금도 서늘한 문장이다. 어린 아이들도 무엇을 어찌 하라고 하는 지는 다 알고 있었다. 다만 어려운 단어를 모를 뿐이다. 그 어려운 단어, 이념으로 무장해야했던 어린 시절의 학교마다 시멘트로 소년의 동상이 세워지고, 옆에는 세종대왕이나 이순신 장군의 동상이 앞마을을 내려다보고 있었다. 그 앞을 지나며 '한글을 만들어 주셔서 고맙습니다.', '왜구를 무찔러 주셔서 감사합니다.' 같은 인사를 하며 지나다녔다. 초등학교의 이러한 풍경 구도는 지금 60대의 앞뒤에 있는 이 나라 사람들의 기억에 각인되어 있는 유년의 학교 모습이리라. 지금은 많은 학교가 폐교되어 동갑내기 승복의 모습도 두루뭉술한 윤곽만 남은 시멘트 덩어리로 풍화되었다. 다른 몇몇의 동상들은 자리를 옮겨 앉거나 잡초에 아랫도리가 묻힌 채 그대로 서있다.

동갑내기 이승복이 이념과 폭력에 지극히 개별적으로 항거했던 목소리는, 소년의 형상을 시멘트로 만들어 서슬 퍼런 국시의 아이콘이 되었다. 하지만 세상은 그렇게 단순하지도 않고 순진하지도 않다. 아이콘이 된 승복을 등에 업고 법령과 제도의 공적 조직은 교묘해져 죄 없는 많은 사람들이 어두운 방에서 무릎을 꿇어야 했고 더러는 생목숨을 잃어야 했다. 그 세월의 야만과 오욕, 그리고 그것에 대한 저항들이 포개지고 비벼져 당시의 역사는 흘러가고 있었던 거였다. 시골의 한 촌가에서 흙장난을 하며 지내던 그 시절에 이 나라의 현대사는 지나가고 있었다. 역사가 어디 영광과 자존만으로 이루어지던가.

'역사'라는 군단장급이나 될법한 무거운 단어를 머리말에 두고 얕은 지식과 논리로 거대담론을 나눠보자는 말은 할 수 없다. 다만 내가 개별적으로 보고 겪은 것들도 이 나라에 존재했던 역사의 한 단면이라는 것을 겨우 말하고 있는 것이다.

당시 내가 태어난 집도 초가집이었지만 마을의 다른 집들도 모두 초가집이었다. 마을에서 큰대문집으로 불리던 한 집만이 기와를 이고 있어 되레 어울리잖게 서있던 것이 기억에 남아 있다. 오리 쯤 걸어가면 나오는 읍내를 또래들과 몰려다닐 수 있을 때쯤에, 호떡은 5원이었고 짜장은 30원이었다. 50여 호의 시골 마을에 같은 해에 태어난 또래의 동무들이 스무 명 쯤 되었다.

그들 중 몇과 50환짜리 동전을 움켜쥐고 5원짜리 호떡을 사먹기 위해 오리 길을 고샅하나 지나듯 휑하니 다녀오곤 했다. 오가다 돌부리에 걸려 넘어지던 꼬불꼬불한 골목의 어떤 모퉁이에는 유년의 질감과 무늬가 흐린 기억으로 남아 있고, 지금껏 살고 있는 마을은 고난의 세월을 켜켜이 간직하고 있다. 당시 귀한 대접을 받던 호떡을 조금씩 떼어 먹으며 신작로를 마다하고 들길을 따라 집으로 오곤 했다. 길 한쪽 편으로 나무 끝에 구름이 걸려있는 미루나무 숲길이 사열하듯 서 있었다. 숲길이 끝날 때쯤 동그란 호떡은 흐리게 떠 있던 낮달처럼 모양이 얇아지며 일그러지다가 이내 호떡을 쌌던 설탕물 배인 종이만 바람에 날아갔다. 조락(凋落)하는 나뭇잎에 아쉬움을 실려서. 어릴 적 정서를 기억해가면 상위권에 속하는 평등했던 빈곤의 기억이다.

내가 의식을 했든 못했든 4·19와 5·16은 이 나라 현대사에 존재하는 역사이다. 사실과 말하여지지 않는 침묵은 나란히 간다. 이 둘은 연년생으로 세상에 얼굴을 내민 이복형제를 닮았다. 같은 어머니의 배를 의탁하지 않았으며 둘의 성격도 이질적이다. 비교하기에 무리가 따르겠지만 같은 배에서 나온 카인과 아벨 형제는 신의 사랑을 질투해서 큰일이 벌어졌다. 카인은 동생인 아벨을 돌로 쳐 죽였다. 이 나라에서는 동생이 형인 4·19를 죽였다. 신의 사랑을 질투한 것과 역사의 시대적 이념의 차이에서 벌어졌다는 것을 말할 수는 있겠지만, 지금보다 젊은 시절이나 지금이나 그것을 구분지어 말하기에 나의 논리는 빈약하다. 피를 흘리며 쓰러진 것은 같지만, 우리의 역사에서는 아벨처럼 아주 죽지도 않았고 신을 부르지도 않았다. 다만 목숨만 부지한 채 들판이 아닌 길거리를 피로 물들이며 간신히 살아남았다. 사랑이 아니고 이념의 덩어리를 안고. 어른이 되어 돌아보니 이 나라 현대사가 그런 것 같다. 나는 이 나라에서 동생이 이복형을 죽이고

자 할 때 여지없이 기저귀를 차고 마루 아래 댓돌 위에서 놀고 있지 않았을까.

이러한 거대한 이복형제의 난이 세월이 지나며 개별적 나와 뭐 그리 밀접한 관계가 있을까마는, 청소년 시절과 청년 시절을 지나며 내게 적잖은 영향을 끼쳤다. 역사는 한 시대에 포괄적으로 영향을 미치되 받아들이는 것은 극히 개별적이기 때문이다. 내게도 이러한 거대한 흐름은 지극히 사소함으로 개별적이다.

5·16으로 권좌를 잡은 이가 훗날 느닷없는 총성으로 20여 년 앉아 있던 자리에서 넘어지던 그해 시월, 나는 대학 2학년이었다. 그 전날 밤에는 동아리 방에서 늦도록 엽서를 쓰고 있었다. 일주일 정도의 중간고사를 마치고 서클에서 독서수련회를 가기로 되어 있어 준비 중이었다. 밤이 깊도록 작성한 엽서는 동아리 방을 끝내 나서지 못했다. 나만 빈손으로 나와 경찰서의 긴 탁자에 쭈그리고 짧은 반성문을 쓰고 나왔다. 쓰라고 하니 쓰지만 반성을 할 대상을 내가 알지 못하니 길게 쓸 수가 없었다. 그들에 의해 못질 된 서클 방에도, 쫓기듯 밀려간 전경 입대 전까지 십자가로 못질 된 각목을 걷어내지 못했다. 그가 느닷없이 권좌에서 내려앉으며 그 자리에 다시 오른 이가 세상을 피로 물들였듯, 나는 느닷없이 떠밀려 전투경찰에 입대해야 했다. 내 의지와는 아무런 상관도 없이 젊은 날의 길은 어느 날 눈에 익은 가던 길을 잃었고,

어떤 힘에 의해서 생겨난 길을 따라가야 했다. 가을도 아닌데 시들어 떨어지던 미루나무 잎처럼 허공을 빙빙 돌고 있었던 것 같다. 이 나라 역사의 포괄적 흐름에 끼어 내 삶은 개별적으로 그 흐름을 따라가고 있었던 거였다.

 억지로 불려간 전투경찰에서 흐릿하게 그려지던 내 이념과 사상은 모여진 집단과는 이질적이었다. 입대 전 따라 외치던 정의의 옷을 입은 구호나 항거는 입 밖에 낼 수 있는 소리가 아니었다. 그런 소리를 내는 집단을 체포하고 해산하는 정반대의 입장이 되었다. 그들이 돌을 던지며 전진하면 뒤로 물러났고, 그들이 물러나면 가스를 분사하며 뒤를 따랐다. 그럴 때 날아온 돌은 바닥에 박혀 쪼개지며 더러 정강이에 꽂혔다. 그들을 따라다닐 일이 없는 날에는 이순신 장군이 전쟁의 황망 중에 수병을 데리고 훈련을 했듯, 아스팔트 광장에서 훈련을 했다. 그 분이 했던 일자진一字陣 전술과 학익진鶴翼陣 전술을 '시가지 진압전술'로 이름을 바꿔서. 나라를 구하는 일이라고 경찰간부들은 말했다. 이순신의 구국의 충정과 데모대 진압의 상관관계를 생각할 때 오금이 저리고 살이 떨렸다.

 별 볼일 없는 나의 삶을 거대한 역사의 흐름에 끼워 넣음은 내 버릇이 된 돌멩이 주워 모으기에 나름의 의미를 새겨 넣기 시작하면서 부터이다. 역사와 돌멩이의 이질적 사소함이라니.

언제부터였다고 딱 집어 말할 수는 없지만 어떤 지역을 다녀올 때 그 곳의 돌멩이를 하나 주워오는 버릇이 있다. 돌멩이는 어디든 널려 있다. 돌을 쓰임의 가치로 따진다면 귀한 돌도 있고 천한 돌도 있을 터다. 허나 길가에 구르는 돌멩이를 굳이 쓰임새로 보지 않으면 그들은 평등하다. 나는 그 지역의 평등한 돌들 중 아무 것이나 하나 주워들고 온다. 여러 해 주워 나르다보니 집안 마당 한편에 돌무더기가 생겨났다. 전국 곳곳의 돌멩이 집합소이다.

도시에서 농촌에서, 바닷가에서 산 정상에서, 화약 연기 자욱하던 80년대 도회지의 어느 거리에서, 돌을 던지다 쫓기던 이가 헐떡이며 숨어들던 골목에서, 그렇게 모인 것들이 무더기를 이룬다. 주워 온 돌멩이의 평평한 면에는 어김없이 '태기泰紀 몇 년 ㅇㅇ에서'라는 배서를 안고 있다. 태기는 고등학교 시절부터 써온 치기어린 나 중심의 기원紀元이다.

내가 어릴 적 전혀 인식하지 못한 채 4·19와 5·16이 나와 주변을 스치고 갔듯, 주워온 돌멩이들도 그가 나고 누워있던 자리의 역사를 안고 있지는 않을까. 나이가 있을 것이고, 제가 처음 생겨난 고향을 떠나 멀리 옮겨져 와 그곳에 뿌리를 박고 있는 것도 있지 않을까. 역사의 흐름에 따라 그 어딘가에서 더러는 군홧발에 밟히고 더러는 사람의 손에 잡혀서 다른 사람에게 던져졌을 것이다. 영문도 모른 채 아스팔트에 처박히고 더러는 가루가 되어 화약연기와 비벼졌을 것이다.

세월을 함께한 돌들의 삶이 어디 그 뿐이었을까. 이념의 깃발을 날리며 내려온 사람들에 의해 어린 이승복의 머리를 찍은 돌도 그 곳 어디쯤에 아직 남아 있을 것 같다.

아주 오래전, 어느 부끄러운 왕조의 행렬을 바라보며 임금이 이마를 내리찍던 바닥에 괸 핏물이 제 몸을 물들이고, 끌려가던 어린 처녀의 발자국이 찍혀있지는 않을까. 돌들은 그러한 왕조 앞에서도 완강하게 침묵하며 그 자리를 지키고 있었을 것이다. 더러는 산으로 올라 날개를 접고 산성 아래로 투신하여 적의 가슴을 찍고, 사직을 보존하려 했을 지도 모를 일이다. 그리하면서 지금은 또 어느 왕조를 바라보고 있을까.

주워온 돌의 출처와 옮긴 날을 표기함에 서력기원으로 표기하지 않고 내 나름의 기원인 '태기'로 표현함은, 내 나이를 기준으로 연관지어 알아보기 쉽게 표현한 유치한 발상이니 너무 나무라지 않았으면 좋겠다.

세상이 단풍으로 한껏 들떠 있던 그해 시월의 어느 날, 느닷없는 총성이 서울의 한 안가에서 울려 퍼졌고, 직접적인 아무런 관련도 없을 것 같던 일에 내 젊은 날이 매달려 따라가고 있었다. 며칠 후, 헝클어진 머릿속을 정리하고자 소나무 숲이 우거진 경기도에 있는 산을 찾았었다. 옆에 보이는 호수는 맑고 사위는 조용했다. 솔숲에서 들리는 바람소리는, 나무와 돌과 바람이 포개지고 비벼져 기괴한 소리로 들렸다.

부끄러운 왕조의 울음소리 같다는 생각이 들었다.

솔잎 사이를 용케 비집고 들어와 계곡의 이끼 낀 돌에 와 닿는 늦가을 햇볕이 그날은 참 서럽게 다가왔다. 여기저기 흩어져 불쑥불쑥 솟아 있는 바위에는 아직 떨어지지 못한 단풍이 아프게 박혀 있었다. 밤이 이슥토록 계곡을 떠나지 않고 앉아 있었다. 여전히 완강하게 침묵하며 이끼로 몸을 싸맨 돌들과 함께. 물속에 달과 새빨간 단풍이 제 색깔로 거꾸로 박혀있었다. 대중없이 널려 있는 돌멩이 중에서 하나를 집어 들고 밤길을 밟았다.

세월이 꽤나 흘렀는데도 돌들은 제 발로 시대를 앞서 까불대지 않는다. 앉혀준 질서와 계통에 따라 모두 제 자리에 있다. 내가 사사로이 겪었던 이 나라의 현대사가 고스란히 배어 있을법한 돌 하나가 집안의 돌무더기에 쪼그리고 앉아 있다. 겉면은 흐릿하지만 아직은 알아볼 수 있는 몇 글자가 박혀있다. '태기 21년 시월 하순, 남한산성 서문에서.'

재

아버지는 20여 년 만에 땅 속에서 나와 지상에 누웠다. 당신께서 잠들어 있는 동안 난 40대에서 60대 초로가 되었다. 내가 살아 숨 쉴 수 있는 시간이 보낸 세월에 비해 턱없이 적다는 것을 되새김할 나이에 닿아 있다. 다다른 시간은 밀려가고 있는데, 어쩌자고 당신께선 아직 살도 다 덜어내지 않은 모습으로 자식 앞에 계시는지.

덜 삭은 당신의 살은 뼈를 가지런히 잡고 있었다. 살은 근육도 물도 아닌, 흙에 떠있는 무늬로 보였다. 관 안은 헐렁해 고요했고, 바라보는 자의 속은 뭔가로 그득해 마음은 아득했다. 땅 속에서 보낸 시간은 흐름도 무게도 비우고 있었기 때문일까. 아무런 표정도 읽을 수 없다. 떠나신 후, 20여년 밥벌이로 세상을 헤매고 있을 때 아버지는 몸도 마음도 비우고 누워계셨겠구나 하는 느닷없는 생각이 잠깐 스치고 지나갔다. 나도 황혼이란 말로 뭉뚱그려지는 나이 대에 들어섰음인가. 삶과 죽음의 경계는 무뎌지고 흐려져 뿌옜다.

쓰다듬다 내가 기진한들 맞아들여야 할 산자와 주검과의 마주함이다. 혼백이 떠나간 주검 앞에서 입을 열어 까불대는 것은 객쩍다. 가슴이 요동친대서 이 풍경이 싸워서 이겨내야 할 대상은 아니다. 지금 주검은 가볍고 명료한 사실이며, 삶은 맞아 들여 뒤따르는 그것에 잇대야하기에 끈적이고 무거웠다.

중장비 이마가 밝히는 불을 의지해 시작된 이장移葬 절차는 아침볕이 내리 쬘 때 쯤 막바지에 이르고 있었다. 내게 덜어준 살과 뼈를 아침볕에 드러내놓고 있었다. 세상에 나온 잠시의 시간을 알뜰히 쓰고자 작정이라도 하고 계셨던 걸까. 볕을 쬐고 바람이 거들자 뼈에서 살이 녹아내렸다.

당신 몸의 헝클어짐은 지금 당신이 할 수 있는 가지런함이었기에, 흐트러진 듯 질서는 유지되고 있었다. 이것이 내 아버지의 몸이고 나는 스스로 가지런함 앞에서 산자로서 경건을 유지했다. 하지만 마음은 여러 것들로 비벼지며 뭉개지고 있었다. 20년의 시간이란 이런 거였구나 하는 생각 앞에서 무참했다. 가지런함은 살아 있는 동안만 유효하다. 그렇긴 하되 말하여질 수 없는 시간 앞에서 산자는 들볶이고 있다. 가뭇없이 빠져나간 생명 앞에서 생명 있는 자도 말없음에 동참해야 하는 것이다.

묘가 열렸을 때 아침볕이 일제히 내려앉았다. 당신이 살과 뼈를 나눠준 3남매 중 이 자리엔 나밖에 없다. 형은 아버지보다도 1년 앞서 떠났다. 지금 아버지 옆에 같은 남루함으로 누워있되 그는 제 아비의 모습을 볼 수 없다. 누나는 얼마 전 재가 되어 산사에 머물고 있어 여기 오지 않았을 것이다. 어머니는 맏딸이 재가 되어가는 순서를 알아채지 못했다. 살아계시되 되어가는 일이 무엇을 하는지 알지 못하니 생전의 아버지와 같이 누웠던 자리에 지금 누워있다. 아버지와 형의 형상은 크기도 모습도 똑같다. 덜 덜어냈고, 무질서가 가지런함으로 환치되어 누워있는 모습이 너무 닮았다. 유골도 닮음은 유전 되는 걸까.

동도 트기 전 열어젖혀진 조부모의 거처에는 아무도 있지 않았다. 두 분이 나란히 누워 계신다고 생전의 아버지는 말했었다. 그런데 아무도 없다. 손으로 고운 흙을 만져나갔다. 오한으로 이불 속에서 떨고 있는 사람 이불 걷듯, 조심스럽게 흙을 걷어냈다. 까만 재가 두 줄로 나란히 그어져 있었다. 마치 새끼줄을 두 가닥 나란히 놓고 불로 태운 뒤 남은 재처럼 흙 위에 그은 검은 두 선線이다. '흙으로 돌아간다는 것이 이런 거구나.' 하는 생각이 들었다. 바싹 다가가서 휴대폰의 카메라 셔터를 눌렀다. 개발사업소에서 요구하는 꼭 필요한 증빙서류 중의 하나다. 주검이 보이면 최대한 근접해서 찍어야한다고 사업소직원은 현행범 얼굴 사진을 확보해야 한다는 듯 말했었다.

집안의 서사를 늘어놓자고 시작한 글이 아닌데 여러 풍경이 포개지니 무색하다.

  마을에서 멀지 않은 선산 일대가 산업단지에 수용된다는 통보를 받은 것은 이태 전이다. 선산에 계신 조부모, 아버지, 숙부, 형의 묘를 이장해야하는 일이 생긴 것이다. 파묘를 하고 주검의 모습을 바싹 다가가서 한 장 찍고, 서너 발짝 물러나서 한 장 더 찍어오라고 개발사업소 직원은 들꽃 몇 송이 찍어오라는 듯 차분히 일러주었다. 그 다음은 꼭 화장을 하고 '화장증명서'를 발급 받아 사진과 함께 내라는 것이다. 재가 된 모습도 찍어야 하느냐는 물음에 바닥을 찍어오라고 했다. 재를 한 번 더 재를 만들어야 증명서를 뗄 수 있을 거라고. 말하던 직원은 일그러지는 내 얼굴을 보고 급히 제자리로 돌아가 컴퓨터에 코를 박았다.

  난 할아버지를 본 일이 없다. 재가 되어 흙에 스민 분을 뵌 셈이다. 할머니는 내가 초등학교 입학하는 날 돌아가셨다. 뭔 초본인지 등본인지를 쥐어주며, 베옷 입은 엄마는 혼자서는 안가겠다고 징징대는 나를 달래다 등짝을 쳐서 밀어냈었다. 40대의 아버지는 방바닥에 누워 사지를 요동치며 울었다. 우리 삼남매는 아버지 우는 모습이 무서워서 울었고, 우는 어머니를 따라 다니며 울었다. 그 때의 할머니 나이보다 서너 해는 더 산 손자가 재가 된 할머니의 모습을 카메라에 담고 있는 것이다. 할머니는 색깔로 길게 누워 같은 색깔의 남편 옆에서 평안했다.

아버지가 선산으로 이사하던 날, 선산에 딸린 비탈 밭에는 보리가 누렇게 익어가고 있었다. 당신이 안식처로 터를 잡기 전, 형이 먼저 와 기거하고 있었다. 형은 늙은 아버지를 방바닥도 아닌 병원의 차가운 복도 바닥에서 꺽꺽 울게 했다. 당신의 어머니 죽음 앞에서 사설을 하며 울던 아버지는, 자식의 죽음 앞에서 가슴과 배의 장기들이 뒤섞이는 듯 동물의 울음소리를 내며 울었다. 형은 대꾸 없이 선산으로 와 거처로 들어갔다. 그 날도 선산의 비탈 밭엔 보리가 익어가며 바람에 일렁였다. 형과 아버지의 이태간의 풍경들이 뒤섞여 이제는 논리나 개념으로 설명되지 않는다. 다만 기억은 흐려지고 멀어 풍경만 살아 그림으로 겹친다.

덜 삭은 아버지의 몸이나 형의 몸을 난 만져볼 수 없었다. 만질 수 없음에 내 몸이 떨었다. 다만 생전의 온기를 기억해 볼 뿐 그 이후를 난 알지 못한다. 구급차 안에서 흐르지 않는 피가 채 식지 않은 형의 살을 만졌었다. 다시 재가 되고 흙이 될 터이다.

세상에 다시 드러낸 모습을 아침 햇살이 덮을 때, 지상에서 보던 어떤 주검의 모습보다 재가 되지 않고 앞에 놓여 있는 주검은 훨씬 논리적이다. 죽는 것 이후에 대하여 한 치의 줄임도 보탬도 없었다. 나는 주검 앞에 더 이상 다가설 수 없고, 주검 또한 내게 손 내밀지 못한다. 삶과 주검의 경계는 아득한 것이어서 논리로 설명한들 더 아득해질 뿐이다.

죽음을 산자는 살아 있기에 죽음 후를 말할 수 없고, 죽은 자는 죽었기에 자신의 죽음 이후를 전해줄 수 없다. 그러니 산자가 죽음을 논리로 설명할 수 없다. 다만 세월이 지난 후에 다시 만날 수 있다면 무질서한 가지런함으로 말해 볼 뿐이다. 지금 이 순간의 시간과 공간에 그것이 존재한다.

극악스럽게 소리치던 중장비의 법석도 끝이 났다. 겨울을 막 지난 보리는 중장비의 바퀴에 이겨지고 뭉개졌다. 이젠 이 들판에서 누렇게 익어가는 보리는 볼 수 없다.

작은 관에 모셔진 다섯 분을 모시고 화장터로 향했다. 억지로 재가 될 것이다. 조부모는 흙이었다가 다시 재가 될 것이다. 그래서 산자의 슬픔과는 더 멀어질 것이고, 주검들은 산자 앞에 더 완강하게 설 것이다.

산일을 마치고 화장터로 향하는데, 뿌예진 눈앞에, 어쩌자고 다섯 분이 선산의 양지에 앉아 봄볕을 쬐고 있다. 같은 방, 같은 식탁에서 밥을 먹던 그들이.

화장터로 향하는 차 안에서 옆구리가 저려와 울음이 밖으로는 나오진 않았다.

그 들판에 다시 서보니

내가 사는 촌가가 모여 있는 마을은 청주의 북쪽 끝이다. 마을 뒤 들판에서 지척의 거리에 이웃 증평읍과 잇대어 있다. 그 읍의 뒷산이 두타산인데 소백산 줄기에서 뻗어와 들판의 평지로 흘러내린 산가지는 들판이 시작되는 지점에서 기진해 누워버리는 것인데, 거기에서 들판은 펼쳐져 작은 평야를 이룬다. 내가 사는 쪽에서 보면 마을의 뒤뜰이 될 테고, 이웃 읍에서는 앞뜰이 된다. 사람들은 너른 들판을 장뜰이라 부른다.

들판엔 논밭이 서로 어깨를 맞대고 누워있는데 그 사이를 작은 언덕이 안고 있어 논밭은 더욱 정갈해 보인다. 이 쪽 들판과 저 쪽 들판이 떨어져 있으면서도 언덕은 완만해 두 들판을 이쪽과 저 쪽으로 완전히 구분해서 부르기에는 무리가 있다.

한여름 늦은 해가 언덕의 키 작은 단풍나무에 걸리면 땅거미가 내려앉으며 들판은 온통 단풍잎 색깔로 바뀌는 것인데,

그 풍경은 오래 머무르지 않고 이내 나뭇잎과 풀잎은 이슬을 단다. 마을 뒤뜰을 생각하면 잠깐의 이런 풍경이 가장 색득하게 자리 잡고 있다.

  어렸을 적 마을 뒤뜰은 넓었고 언덕 아래쪽을 휘돌아 또 다른 읍으로 흘러가는 기찻길은 정물로 멈춰있는 풍경이다. 언덕에 앉아 소 풀을 뜯기며 기차가 지나가는 걸 보고 있으면 가보지 못한 미지의 세상으로 기차를 따라 달려가는 착각에 잠기곤 했다. 해가 설핏한 걸 알아채고서야 누런 암소의 배가 아직 불러오지 않은 것을 알고 어린 가슴을 얼마나 졸였던가. 그 때 기차라도 때 맞춰 지나가면 그걸 타고 멀리 떠나고 싶은 막연한 동경에 또 마음을 조려야 했다. 가당치 않은 일인지 알면서 같은 상황이면 늘 같은 생각에 빠지곤 했다. 이런 생각은 중학교를 다니면서도 이어져 토요일 오후 수업이 일찍 파하고 집에 오는 동안에 오랫동안 들판의 언덕에 앉아 있게 했다. 그날이 그날인 생활에 지루하고, 고만고만한 시골 마을의 살림살이에 밋밋한 들판의 풍경까지 한몫 거들고 있었지 싶다. 고등학교에 들어가며 이런 생각은 늘어져 2학년이 되면서 혼자 살며 자취를 시작했다. 생각들은 들판의 덤불처럼 뒤엉키고 무어라 딱 꼬집어 말할 수 없는 지루함과 답답함이 있었다.

  토요일 늦은 오후, 책가방을 옆에 놓고 여러 갈래로 뻗어 있는 상념들을 모으다보면 어느새 노을은 들판에 내려앉아 물들이고 앉아있던 자리에 이슬이 묻곤 했다. 그 때까지 하 굣길에서 만난 친구와 그 나이 때쯤의 인생을 얘기하고 아픔을 풀어내곤 했다. 그러다보면 사위가 어둑해져 있었다. 눅눅해진 엉덩이를 털며 또 아무 일도 없이 집으로 돌아가곤 했던 거였다.

어찌 보면 들판의 무질서한 듯 했던 풍경들은 전혀 무질서한 것이 아니었는지 모른다. 그렇게 아름다울 것도, 추할 것도 없는 당시의 풍경은 그 나이에 내가 지나가고 있는 주변의 상황들에 저항해보고 싶은 아무런 개연성도 없을 것이다. 내 자신에 내재되어 있는 항거의 필연성을 찾는다고 해도 그것이 들판이 주는 아름다움이나 무료함과는 관계가 없었을 것이다.

늘 바라보던 그 들판의 가을 들녘은 시립도록 서럽게 느껴졌고, 서러운 만큼 깊게 각인되어 있는 것인데 세상의 아름다움이나 추함을 거기에서 찾을 수는 없는 거였다. 둘러봐도 뭐하나 눈여겨 볼 것은 없었다. 가을이 깊어가며 들판은 더욱 황량한 것이어서 말라비틀어진 구절초와 쑥부쟁이는 구분할 수 없었고, 논둑의 도깨비까시 덩굴만 퀭한 눈에 들어왔다. 한 해의 농사를 마무리하고 들녘을 설거지하는 농부들은 각자의 명분에 따라 순결하지만 고됐던 하루의 노동을 끝내고 있었다. 끝끝내 농부의 손맛을 보지 못하고 외면당한 여물지 못한 쥐눈이콩 덩굴이 도깨비가시 덩굴에 기대어 고단한 생을 널어놓고 있기도 했다. 이런 풍경이 십대를 지나는 내 눈에 들어와 여러 상념이 엉키는데 무관하지만은 아닐 터다.

돌아보면 새겨지지 않은 풍경도 있을 것인데, 그 저녁나절, 질퍽거리는 논을 아직 빠져 나오지 못한 달구지 한 둘쯤 거기에 있었으리라. 마음 급해진 농부의 억센 욕을 먹으며 자신의 힘을 달구지에 전달하려고 무진 애를 쓰고 있지는 않았을까. 그러다 날이 어둑해 지고서야 논둑 몇 걸음쯤 뭉개고 달구지는 신작로에 올라섰을 것이다.

고향 마을의 그 들판이 몇 년 전부터 몸살을 앓고 있다. '그린 스마트'를 내건 개발단이 중장비를 들이밀고 개발을 위한 공사를 벌이고 있다. 내버려둬도 '그린'하고 '스마트'한 들녘이다. 무엇을 어찌해서 '그린 스마트'한 장소로 바꾼다는 건지, 어른이 된 나는 알지 못한다.

그 들녘에 이제는 노을도 내려오지 않는다. 저물기 자작한 늦가을의 논을 붉게 물들이다 은빛으로 갈아 채우던, 그리고 썰물처럼 밀려 침몰하던 장관은 중장비의 차가운 쇳덩이에 앉아 아무것도 연출하지 못한다. 아예 내려앉기를 거부하고 있는 지도 모른다.

그 들녘 어디쯤에 달리던 기차를 바라보며 10대를 아프게 건너던 내 모습도 침몰하던 노을 속으로 빨려 들어간 것일까. 실존하던 땅과 풀들에 초겨울이 내려와 서리면 참을성

없이 뛰쳐나오던 고라니들이 이제는 보이지 않는다.

  늘 보던 그 들판에 다시서고 보니, 가지런하지는 않았지만 시리도록 아팠던 십대의 내 모습도 멀고 흐려지는 것 같다. 애탈 것까지야 있을까마는 못내 그립고 아쉽다.

나는 외로워지면 불을 지핀다.

그날 비가 내렸다는 기억은 없다. 소대燒臺에 불을 지폈을 때 불꽃은 눈 안에 가득했다. 눈 안의 반쯤은 물이 괴어 불빛은 반짝이는 여러 색으로 나뉘었다. 누이의 옷과 손때 묻은 물건들이 타고 있었다. 염주 알이 터지며 마른 장작이 탈 때처럼 소리를 냈다. 작은 문갑에 불이 붙으며 불꽃은 제 키를 키웠다.

문갑 상단이 타고 속에 들었던 서랍에 불이 옮겨 붙을 때 책 한 권이 보였다. 표지의 글자가 하나씩 불이 되었고 연기가 감싸며 흐릿해졌다. '밥과 똥—을 생−각하−며' 글자가 하나씩 연기가 되어갔다. 아랫줄에 박혀 있는 내 이름이 잠깐 보이다 뭉개졌다. 글들이 한 줄 씩 지워져 나갔다. 마치 누군가 한 줄 씩 읽고 있는 것처럼.

그날의 기억은 아직 지워지지 않은 풍경으로 밖에 머물고, 상처는 내 안에 있다.

첫 수필집이 나와 들고 갔을 때 누이는 너무 반겨주었다.

'어려서부터 늘 글 쓰는 걸 좋아 하더니 그예 글쟁이가 됐네.' 하던 누이는 이제 말이 없다.

밖에서 불을 지필 때 불꽃을 어느 방향에서 보든, 불꽃 속에는 내 책이 타고 있다. 그럴 때 누이는 목단 꽃무늬 원피스를 입고 스물 셋 처녀로 서있다. 모르긴 하되 쉽게 흐려질 풍경은 아닌 듯싶다. 풍경으로만 머무를 걸 알기에, 생긴 상처는 내안의 내 몫이다.

다섯 살 터울의 누이는 긴 시간의 암투병중 백기를 들었다. 첨단 의술을 자랑하는 이 나라 의술이 거기까지라고, 자신만만하던 의사는 말끝을 흐렸다. 그래도 살려달라고 빌어볼 곳도, 들입다 대들어볼 대상도 없었다.

반갑지 않은 손님은 간경화라는 이름으로 불쑥 찾아왔다. 어르고 달래며 10여 년을 함께했다. 그러던 중 다른 녀석이 기별도 없이 방문했다. 반갑지 않은 손님의 느닷없는 두 번째 방문에 누이는 화를 내 보기도하고, 달래서 보내려고 무진 애를 썼다. 그럴수록 녀석은 손님의 체면도 없이 고약하게 굴었다. 두 번째 들이닥친 놈은 제 혼자 온 것도 아니었다. 남편의 극진한 간호도 게릴라작전으로 대드는 전장에서 속수무책이었다.

병원을 드나들기 시작했다. 바로 이웃에 있어 어쩔 수 없이 조석으로 드나들어야하는 시댁어른 찾아가듯 했다. 입원과 퇴원을 거듭하며 누이의 몸은 삭정이처럼 말라갔고, 내 몸이 가라앉으니 주변 사람들과의 관계는 조락凋落하는 나무 이파리가 바스락 소리가 날만큼 말라 떨어져 흩어지듯 서로 멀어져갔다. 거기까지였다.

 삼남매 맏이인 누이와의 어린 시절은 멀고 흐려진 것이 더 많다. 지워지지 않은 그림들도 어쩌면 세월이 흐르며 덧칠해졌거나, 일부가 지워진 것이 많다. 조각난 그림을 맞출 때 찾을 수 없는 조각은 다른 천으로 기운 것도 있으리라. 그렇긴 하지만 맏이인 누이와 막내인 내가 함께 주연으로 등장해 명징하게 새겨져 있는 그림도 많고, 부모님조차 구경 못한 풍경도 숨겨져 있다.

 고2때 나는 학교 근처에서 하숙을 하고 있었다. 수학여행을 다녀온 직후 전염병으로 분류되는 못된 병을 앓았다. 병원에 격리 수용되었다가 해제된 이후에도 한참을 더 입원해 있었다. 인문계 학교의 문과에서 두어 달을 학교에 가지 못했다면 대학입시는 물 건너간 일이다. 수학은 따라갈 재간이 없었다. 난 일찌감치 수포자가 되었다.

 하지만 수학을 포기하고 대학 가는 것을 연기한다고 해도 긴 병치레 뒤에 뭘 먹어야 살 수 있을 거 아닌가. 뭐라도 삼키고 버티는 생존이 먼저였다. 아무거나 먹을 수 있는 것도 아니었다. 의사처방의 고단백 죽만 먹고 한 달 이상을 넘겼다. 하숙집 아주머니가 자상한들 수발들 일이 아니다. 시골에서 내 점심 한 끼를 대기 위해 누이는 서둘러야 했다. 그래야 겨우 점심시간에 맞출 수 있었다. 내가 하루 세끼 중 그나마 밥같이 먹을 수 있는 한 끼다.

  음식을 가져온 누이는 목단 꽃이 그려진 원피스를 입고 있었다. 매일 그 옷만 입고 왔다. 그게 싫었다. 전날의 빈 밥통을 내밀고 가져온 밥통만 뺏어들고 휙 돌아서기 일쑤였다. 밥통만도 못한 열여덟 살의 밥통이었다. 그 때 누이가 입었던 옷의 목단 꽃이 왜 잊히지를 않는지. 혹 소대의 불더미 속에 그 원피스가 내 책과 함께 타고 있지는 않은지.

  당시 아버지는 잎담배 농사를 십 수 년 간 짓고 있었다. 새끼줄 두 가닥을 외로 꼬아 7,8미터쯤 되게 만들고, 새끼줄 틈을 벌려 담뱃잎을 꿰었다. 그것을 건조장에 매달아 건조 시키는 일인데 과정마다 여간 손이 많이 가는 게 아니었다. 건조장의 높은 달대에 올라가 매다는 일이야 마을 젊은이들이 해야 하는 일이지만, 담뱃잎을 새끼줄에 꿰는 일은 여자들의 몫이었다. 누이는 그럴 때 마다 총 지휘자다 되었다. 밭에서 옮겨져 산더미처럼 쌓여있는 잎이 한 잎 한 잎 다 소진 되어야 일이 마무리되는 것인데, 손에는 새까맣고 찐득이는 담뱃진으로 물들었다. 여름날 누이의 손이 늘 그랬다. 훗날 그 때의 기억으로 산문 형태의 졸작 「기억」이란 시를 썼다.

  새끼줄 틈을 벌려 피멍든 손가락으로 잎담배를 꿰어 매던 누이의 모습을, 내가 시를 쓰며 어휘를 골라 꿰어 맞추는 것에 비유해 쓴 시였다. 이런 기억도 담뱃잎이 누렇게 변색해

가듯 멀고 흐려질 날이 올 것이다.

　누이는 숨을 거두기 전 말했다고 했다. '정태가 쓴 책 함께 보내줘. 아파서 다 읽지 못했어.' 라고.

　매형이 내 수필집을 누이의 문갑 속에 넣어 소대에서 불을 붙일 때, 나는 누이의 목단 꽃이 그려져 있는 원피스를 넣고 싶었다. 늘 같은 옷만 입고 밥통을 들고 교문 앞에 서있는 모습이 싫었는데, 그래서 툴툴댔는데, 이제와 목단 꽃무늬 원피스를 입은 스물셋 누이가 그리 고와 보이는지. 뿌예진 눈앞 불꽃 안에서 누이는 타지 않고 사뭇 서 있었다.

　세월은 흐를 것이고 누이에 대한 내 기억도 점점 멀어지고 흐려질 것이다. 그렇긴 하거니와 몇몇 기억이 더 또렷해지는 것은 누이와의 돈독함이 맏이와 막내인 내게 특별함의 그 무엇으로 남아있기 때문일 것이다. 이제 난 삼남매 중 홀로 남았다.

　문득 홀로임이 떠오르면, 난 내가 사는 촌가의 마당 한편에 불을 지핀다. 거기엔 늘 목단 꽃 원피스를 입은 누이가 불꽃 속에 있고, 내 첫 수필집이 누이 손에 들려 있다.

"내 책 다 읽었어?"

　생전의 누이에게 말했듯,

"아직도 못 읽었다고?"

　생전의 누이에게 툴툴거렸듯, 난 불을 지피며 또 누이를 다그친다.

2부

감꽃 핀 자리

감꽃 핀 자리
됫박
길
밥이라 쓰고 법이라고 읽는다
어머니 이제 말씀 좀 해주세요.
어여 가거라, 바로 오너라
안방
초혼招魂

감꽃 핀 자리

마당 한편 감나무에 올해도 감꽃이 피었다. 덩달아 서 있는 듯 무심한 목련은 꽃잎을 떨군 지 오래다. 제 몸의 무게만으로 목련의 꽃잎은 수직으로 떨어진다. 바람에 날려 사선을 그으며 생을 마감하는 다른 꽃잎을 되레 나무라는 것일까. 그냥 있다가 문득 뚝 떨어진다. 떨어진 꽃잎은 바닥에 발을 굳게 디디고 가는 바람에는 꿈쩍도 하지 않는다. 목련꽃잎이 바람에 떠밀리는 때는, 이미 제 모습을 잃고 누렇게 변색 되어 삶의 무게를 덜어냈을 때다. 덜어내 가볍긴 하되 색은 꺼무튀튀하다. 그때쯤 감나무는 연둣빛 물감을 제 몸에서 풀어낸다.

나란히 서서 같은 양의 볕을 받고 바람도 쐬지만 감꽃의 생애는 목련과는 사뭇 다르다. 감꽃이 한창 필 때, 꽃은 나무에 가득하고 떨어진 꽃은 바닥에 무더기로 눕는 것인데, 누운 감꽃에는 아득함이 배어 있다. 그 아득함이 감꽃 어디에서 오는지 알지 못하니 감꽃의 아득함에 대해 말하지 못한다.

봄볕을 다 쬐고도 초여름 볕이 내려야 느릿느릿, 감꽃은 초록 이파리 사이에 숨어 핀다. 얼굴을 쉽게 내밀지 않아, 초경을 앞둔 딸아이의 요동치는 마음을 겉으로만 보고 변화를 모르듯 언뜻 알아채기 쉽지 않다. 무리 같으면서도 개별적이어서 각각 시나브로 떨어지기 시작한다. 꽃잎을 분산시키지 않고 통으로 떨어진다. 떨어진 꽃은 포개져 무더기를 이룬다. 감꽃은 땅위에 내려앉았지만 목련의 그것처럼 땅에 발을 디디지 않고 다만 땅 위에 얹힌다. 얹힌 감꽃을 바람이 데리고 간다. 꽃 진 자리에 아기 손톱만한 열매가 달린다. 열매를 두고 내려앉은 감꽃은 까맣게 변색되어 간다. 피어난 감꽃은 생을 마감하고 개별적으로 뒹굴 지 않고 바람이 부는 대로 구르다가 낮은 곳에 포개져 한 덩어리처럼 모여 있다. 그것은 생의 끝을 합장合葬 의식으로 치르는 듯하다. 땅에 얹혀서 그 신산한 제 몸통을 통째로 볕에 말린다. 까맣게 변한 감꽃의 생애다.

'환갑이나 넘기겠느냐' 하시던 어머니는 구순을 넘기고 이태를 더 살아내고 계신다. 늘 방안에 누워 미동도 없다. 살갗이 물러 약을 발라 드리면 볕에 꽃잎 말라가듯 꾸덕꾸덕해진다. 그 과정은 늘 심란한 것이어서 바람이라도 쐬라고 창문을 열면 이불 속으로 몸을 숨긴다. 바람과 볕에 까매지는 것을 아시는 건지. 그렇게 마르며 까매져 끝에 닿는다는 것을. 물어볼 일도 아니지만 물어도 대답을 아니 하실 것이다. 뒷일을 보는 것조차 힘들고 때론 잊기도 한다. 기억은 풀어진 실타래처럼 엉켜 추슬러 되감기엔 시간이 앞질러 가고 있다. 그 시간을 부릴 수 없으니 나는 도리가 없다. 어쩌면 풀어 헤쳐진 실은 어느 지점에서 끊어진 게 분명하다. 이제 실타래에 남아 있는 실은 잘 사려 감는다고 해도 몇 올밖에 되지 않을 것이다. 그 한 움큼도 되지 않을 풀린 실타래 같은 기억 저편에 감꽃이 피고 지고 말라가고 있다.

어릴 적 앞집에 고목이 된 감나무 두 그루가 있었다. 그 해, 시집을 온 열여덟 새색시 내 어머니가, 배가 고파 나무아래 누워있는 소년 인민군을 부엌으로 데려와 밥을 먹였다던, 아득한 추억의 감나무이다. 그 때, 마지막 감꽃이 지고 있었다고 기억이 있던 어머니는 말했었다. 사실과 전설은 이제 구분되어지지도, 구분할 이유도 없다.

어린 시절의 봄날, 아침잠에서 깨면 앞집 감나무 아래로 뛰어가곤 했다. 노란 감꽃이 바닥을 온통 물들였다. 실로 꿰어 감꽃 목걸이를 만들거나, 더러는 주우며 먹기도 했다. 꽃속에 숨어 있던 개미가 놀라 기어 나오면 개미보다 더 놀라 입안의 꽃을 뱉었다. 달착지근한 맛이 아까시꽃 보다 맛이 순했다.

잠에서 깨 마당에 서서 눈가 졸음을 지우려고 할 때, 어머니는

"앞집 감나무 아래 가보렴. 누나 거기 갔다." 하고 일러주

곤 했다.

　누나와 함께 주은 감꽃 그득 담긴 바구니를 어머니에게 보여드릴 때, 무슨 장한 일이라도 해낸 것처럼 뿌듯했다.

　"막내 바구니가 누이보다 그득하네."

　어머니가 하시던 말이 그때는 왜 그리 좋았던지.

　미동도 않던 어머니 방에서 기척이 났다. 같은 자세로 오래 누워 있다가 몸이 불편할 때 짧게 내는 나름의 구조 요청 신호라는 것을 안다. 방안은 냄새가 가득했다. 이불을 들추고 돌아 뉘였다. 기저귀 밖으로 뒷일 본 것이 노랗게 새어나와 있었다.

　대학시절인지, 졸업 후 결혼하기 전인지 어머니와 내 어릴 적 이야기를 두런두런 나눈 일이 있었다. 서향이던 마루에 앉아 앞산에서 흘러내리는 저녁노을을 등으로 받으며 칼국수 반죽을 밀고 계셨던가. 어쩌다 똥 싼 일이 화젯거리가 됐는지는 기억에 없다. 다만 우리 남매들 똥 이야기를 유쾌하게 하시던 어머니와 얼굴을 찡그리며 얘기를 나누던 일이, 붉게 물들었다 산 아래로 가라앉던 해처럼 기억에 또렷하다.

　"엄니, 자식 똥이라도 여하튼 똥은 더럽잖수. 그래, 삼남매 똥을 다 치우며 농사일을 어찌 하셨소? 집안 일거리가 적은 것도 아니고."

　어머니는 그때 그러셨다. 들에 갔다 오면 기저귀는 기저귀대로 나뒹굴고 똥 범벅을 한 애는 애대로 울고 있었다고. 이

감꽃 핀 자리 63

불 위에 똥을 싼 것을 보면, 감꽃이 떨어져 움푹한 곳에 무더기로 괴어있던 감꽃 같았다고. 그 감꽃을 맨손으로 치웠다고.

그렇기는 하거니와, 지금, 어머니의 뒷일 본 것이 내게 감꽃으로 보일 리 만무다.

"엄니 날 부르면 되잖소? 왜 더럽게........"

아, 이 말은 입 밖에 낼 소리가 아닌데........ 이미 늦었다. 벌어지는 일만으로도 기막힌 일인데, 쓸 데 없는 말까지 부조하고 나선 꼴이 됐다. 아니꼬운 자식의 자리에서 들이댈 만한 말이 아니란 것쯤이야 진즉 알고도 남는데, 무릅쓰고 가야할 길에서 번번이 쑤셔 박힌다.

어머니의 뒷일 본 것을 기저귀에 욱여싸서 방문을 나서는데 눈앞이 뿌예져 벽에 똥 묻은 기저귀를 뭉갤 뻔 했다.

감꽃이 무더기로 말라가든 낱개로 흩어져 개별성을 유지하든, 떨어진 감꽃의 끝은 말라간다는 것이 보편적인 꽃의 일생이다. 그렇다고 사람의 일을 앞에 놓고 보편성이라는 단어로 밀어붙이면 내 어머니의 지금 삶은 그저 그런 일이 되고 마는 것인가. 떨어지면 마르는 것이고, 나이 들면 흐려지고 가벼워지는 보편적 상황에서 내 어머니의 삶도 뭉뚱그려 그 범주에 넣으면 불민한 자식은 맘이 편해질까.

물을 데워 몸을 씻기고 뽀송한 요대기를 골라 앉혀드렸다. 모자간에 서로 손길이 가지 않은 곳은 없다. 당신이 내게 했듯, 몸을 씻겼다. 갈아 입혀드린 윗옷 헐렁한 목 사이로 어머니의 낮아진 젖무덤이 안쓰럽게 붙어 있다. 가슴 양쪽 감꽃 진 자리에 떨구지 못한 감꽃이 까맣게 매달려 있다.

감꽃 핀 자리, 거기가 내 생의 시원始原인데.

됫박

무엇이든 담아 내들이는 것이 제 소임일 터다.

소복하게 담아 들이고자 하는 아낙의 안쓰러운 마음을 빤히 알면서도 짐짓 모르는 체 한다. 장사꾼의 야박한 손칼질이 곡식 담긴 됫박 위를 날 듯이 지나간다. 모난 네 귀퉁이가 네 편인지 내 편인지 모르게 실쭉하는 사이, 장사꾼은 평평해진 됫박의 두 귀를 잡아 자루에 쏟아 붙는다. '곡식 깎아 내는 손 참 무섭네' 하는 아낙의 심드렁한 말 한마디가 장사꾼의 뒤통수에 닿는가 싶더니 어느새 아낙의 손에 의해 한 줌의 곡식이 자루에 보태진다. 입을 벌린 됫박이 무안한 듯 장사꾼의 손에 걸려 덜렁거린다.

닳아 귀가 어긋난 귀퉁이엔 양철조각을 덧대 못을 쳤다. 쌀과 보리가, 콩과 녹두와 팥이, 메밀과 옥수수가, 더러 밀가루가 이곳을 드나들었다. 제 몸에 담긴 것을 쏟아내고 입을 벌려 기뻐했고, 어떤 때는 제 입을 더 크게 벌리지 못함에 아쉬워했으리라. 더러는 이쪽과 저쪽 편을 오가며 속을 태우지 않았을까. 곡식을 팔 때와 살 때의 기능이 같은 듯 다르다. 평생 그렇게 살아온 됫박의 운명이다.

 육면체의 계량화된 것도 있었지만 농부의 곡식을 사가는 장사꾼의 됫박은 겉 크기는 같으나 몸피가 얇아 안은 더 넓은 것도 있었다. 물건을 머리에 이고 다니는 여자박물장수의 됫박은 더러 바가지를 쓰기도 했다. 바가지 됫박의 주둥이가 깨져 실로 꿰맨 됫박은 손때가 묻어 반질반질 윤이 났다. 되레 이렇게 오래된 것이 신뢰를 얻을 때도 있었다. 바가지 됫박 중에는 쥐가 한 쪽 귀퉁이를 갉아먹어 박물장수의 엄지손가락이 닳아 없어진 부분을 대신했다.

 순결했지만 그만큼 고된 농사일로 평생을 사신 부모님이 이제는 먼 길을 걸어 떠나 쉼을 얻었다. 아버지는 어머닐 두고 앞서 길을 떠났다. 칠순이 넘어 남겨진 어머니는 들일을 만류하는 내게 '하던 일이니 하던 대로 하다 가련다.' 하고 당신의 뜻대로 일을 하시다 떠나셨다. 당신들이 평생 해왔던 순결한 노동의 대가는 되나 말로 재단되었다. 세월이 흐르며 부피로 하던 계량은 무게로 계량화 되어 노동의 대가를 재단했다. 본업에서 밀려난 됫박은 그저 한 시대의 유물로 남았지만 쉽게 자리를 비우진 않았다. 한동안 그들은 아낙들 사이에서 화폐를 대신했다.

 어머니가 가시고 서너 달 후 창고를 정리하다 됫박을 발견

했다. 창고의 바닥 음습한 곳에 아무렇게나 엎어져 있는 됫박을 보니 어릴 적 묻어두었던 왕딱지라도 찾아낸 듯 반가웠다. 수 십 년을 잊어버리고 있던 물건이다. 모르긴 하거니와 어릴 적 부모님이 쓰던 것을 본 기억이 있으니 갑자의 나이는 먹었을 것이다. 혹 조부모님이 쓰던 것을 물려받아 쓴 것이라면 한 세기는 족히 되었을 수도 있다. '곰팡이가 피고 먼지 쌓인 물건을 뭘 그리 들여다보느냐'고 아내는 눈살을 찌푸린다. '이건 예사 물건이 아니야' 하는 내 허풍이 허풍만은 아니다.

양철을 덧댄 밑바닥이 까무스레하다. 됫박 안은 덕지덕지 앉은 때가 반들거려 광이 날 지경이다. 됫박에 담긴 곡식 안으로 아버지의 굵은 엄지손가락이 박혀 있다. 장사꾼한테 곡식을 낼 때 아버지의 엄지손가락은 더 깊숙이 곡식의 안으로 파고 들었을 것이다. 눈가림으로 치부하기엔 너무 진지한 궁색한 가정의 대주 모습이었으리라. 장사꾼은 자기가 되질을 맡겠다고 대들었으나 아버지는 '아무가 하면 어때서' 하며 장사꾼을 눙치고 껄껄 웃는 것으로 어색함을 메꿨다. 잔망스럽게도 어린 나이에 어른들의 잇속 차림으로 실랑이하는 것을 눈치 채고 있었다. 열 살은 넘어서서였지 싶다. 아버지에게 '왜 됫박 안에 엄지손가락을 깊숙이 집어넣느냐'고 모르는 체 물으면 아버지는 크게 웃으시며 '별 걸 다 눈여겨봤구나.' 하시며 멋쩍어 내 궁둥이를 툭 치셨다.

어느 핸가 겨울이었다. 낮에 어머니가 집에 계신 것으로 보아 초등학교 때의 겨울 방학 때가 아닌가 싶다. 유과라는 과자가 있었다. 손가락 굵기의 가락엿을 한마디 쯤 되게 잘라서 종이에 싼 과자였다.

마루에서 보따리를 푼 과자장수 아주머니는 얼른 내 입에 유과를 하나 까서 넣어 주었다. 맛있느냐고 묻는 말에 고개를 끄덕였음은 당연하다. 엄마는 옆에서 말이 없었다. 내 입은 이미 달달한 맛으로 마비되어가고 있는데 아주머니는 엄마에게 아들 사주라는 말은 않고 시치밀 떼며 앞산만 바라보고 있었다. 침묵을 참지 못한 건 엄마 쪽이었다.

"쌀 한 됫박에 얼마나 주오"

"그야 유과도 한 됫박 드리지요."

엄마는 곳간으로 가서 바가지 됫박에 쌀을 수북이 담아 내왔다. 쌀을 받아 자루에 쏟은 아주머니는 보따리 속에서 네모난 작은 됫박을 꺼냈다. 거기에 두어 주먹이나 될까하게 유과를 담아 내 앞자락에 부었다. 엄마가 놀란 것은 말할 것도 없다.

"아니 쌀 한 됫박에 유과도 한 됫박 준다더니."

"쌀 됫박과 과자 됫박이 어찌 같겠소."

엄마가 기 막혀 할 새도 없이 유과장수 아주머니는 몇 개 더 집어 내 앞에 던지듯 내려놓고 보따리를 싸가지고 사립문을 나섰다.

곡식을 퍼주고 과자를 사먹는 일이 우리 집에서 얼토당토 안한 일이라는 것은 어린 나도 빤히 알 일이다. 사달은 그 이후에 났다. 아주머니가 사립문을 막 나서는데 마실 가셨던 아버지가 때마침 사립을 들어서고 있었다.

"쌀을 퍼주고 엿을 샀다고."

나는 입 안에 든 엿을 삼킬 수도 뱉을 수도 없었다. 아버지가 화를 낼까봐 어정쩡하게 서서 단물만 꿀꺽 삼켰다.

"인석아 빨아서 잘 먹어. 목 멕키는 겨."

아버지가 유과를 하나 집어 들었다. 눈물이 찔끔 나와 입 안으로 들어간 모양이다. 달콤찝질 했다.

우연히 창고 정리를 하다가 쿰쿰하게 냄새나는 됫박을 보니 양친께서 나란히 서 계시고 어린 내가 거기 있다.

길

길을 걷는다. 걸어가며 더 많은 다른 길들을 생각한다. 지금 걷고 있는 길과 이웃한 길들은 걸어본 길도 있고 걸어보지 못한 길들도 있다. 살아오면서 가고자했던 길들도 걸어보지 못한 길이 더 많다.

적잖게 살아온 여정에 길들은 많았다. 가지 못한 길은 아쉽고 가지 않은 길은 아깝다. 하지만 아쉬움이 남든 아깝게 생각하든 어차피 다 가 볼 수 있는 길은 아니었다. 누구든 삶에서 가보지 못한 길 한둘쯤은 있다. 걸어야 할 길을 걷지 못하고 그저 가슴에 길을 안고 길을 걸으며 산다.

"길들은 다 일가친척이다."라고 말한 이는 시인 함민복이다. 지상에 난 길을 말함일 것이다. 지상의 길이란 것이 허허벌판 중간에서 갑자기 생겼다가 뚝 끊겨 소멸되는 길은 없다. 폭이 넓든 좁든, 가파르든 순하든 그들은 서로 붙잡고 얽혀서 피붙이처럼 누워있다. 길은 혼자서 끝까지 가지 않는다. 어떤 이에게 끝인 것 같은 길이 다른 어떤 이에게는 시작하는 길일 수 있고, 길의 중간쯤이 어떤 이에게는 끝인 경우가 있다. 혼자인 듯싶다가 어디쯤에서 다른 길과 합쳐지고, 또 헤어지기를 반복한다. 그 위를 살아서 움직이는 것이 걷는다. 그러기에 길은 처음부터 임자가 정해져 있는 것은 아니다. 누군가 지금 그 길을 걷고 있으면 그 길은 걷는 자가 주인이다. 앞으로 갈 길을 생각하며 땅을 밟는 이가 있다면 그 길은 그이의 길이요, 고라니가 걷고 있다면 그 길은 지금 고라니의 길이다.

  살아내며 일가친척이라고 모두 다정하게만 살진 않는다. 길들도 서로 손과 발을, 옆구리까지 내어주기도 하지만 모두 순하게 뻗어있는 것은 아니다. 평탄하던 길이 옆길로 접어들며 가파른 언덕을 내보이거나 거친 바닥을 보이기도 한다. 어깨를 맞대고 있지만 이들이 일가친척일까 싶게 전혀 다른 질감으로 느껴질 때가 있는 것이다.

  길은 땅위에만 있는 것은 아니다. 하늘에도 하늘길이 있고 바다에도 바닷길이 있다. 구름 속의 하늘길을 비행기는 날아다닌다. 그 아래에서 하늘을 나는 철새들도 지난해 지났던 그 길로 철을 따라 이동한다. 망망대해를 떠가는 배들도 기계의 도움을 받아가며 제가 갈 길을 찾아다닌다. 자칫 길을 잘못 들면 암초에 부딪치고, 그 넓은 바다에서도 충돌사고가 일어날 수 있다. 그러기에 바다로 향하는 길은 고정되어 있지 않다. 바닷길 뿐 아니라 모든 길은 움직이고 탄생했다가

지워지기도 한다. 어떤 길의 그 끝이 물에 닿아 있어 실체가 보이지 않는다고 모두 죽은 길이 아닐 수 있다. 죽지 않고 다만 누워있는 길이다.

 시인이 말했던 길은 땅과 바다와 하늘에만 있을지 모르나 길이 어디 그 뿐이랴.

 인생의 여정에서 수없이 많은 길들을 만나곤 한다. 그 길은 서로 살을 대고 피를 나눈 사이는 아닐지 모르더라도 한 사람의 마음속에서 뻗어나갔으니 이들도 일가이고 친척일까.

 별 볼일 없는 내 삶의 여정에도 여러 갈래의 길이 있었다. 어떤 길은 길이 나를 제 땅에 들어서는 것을 거부했고, 어떤 길은 내가 들어서기에 엄두를 내지 못했다. 내가 들어서지 않았다고 그 길이 순결하기만 한 것도 아닐 것이고, 내가 밟고 지나왔다고 더럽혀지기만 한 것은 아닐 터, 지나고나니 아깝고 아쉬움이 스미는 것은 어쩔 수 없다. 연민을 얹자니 아직은 삶의 길이 내 어머니의 살아온 길에 비해 터무니없으니 염치없다. 길을 걸으며 길을 생각하다가 느닷없이 어머니의 삶의 길이 겹쳐지니 뼈마디에서 소름이 돋는다.

 며칠 전 어머니는 길을 잃었다. 현관문 잠그는 일을 그날 밤 깜박했다. 아침에 일어나 보니 어머니 신발이 보이지 않았다. 현관문은 반쯤 열려있고 봄비가 여름비처럼 내리고 있었다. 밤길을 나선건지, 새벽 비바람 길을 나선 건지 가늠할 수가 없었다. 부축 받지 않고는 현관에서 마당을 지나는 것조차 버거워하신 지 오래다. 추측되는 상황 논리만으로 억지 대본을 만들어 봐도 노인의 발걸음을 따라잡을 수 없었다. 삽짝만 나서면 길은 세 갈래요, 마을 어귀에 다다르면 여섯 갈래다.

경찰, 119대원이 동원되고, 노인들만 20여 명 사는 동네에 옆 마을 노인들까지 길 위에 섰다. 우산을 받칠 힘조차 없는 노인은 그냥 비를 맞으며 6,7십여 년 눈 마주치며 살았던 동무를 찾겠다고 아무길이나 걷고 있었다. 정신이 온전하다 해도 이 빗길에서 노인이 다른 노인을 찾기 위해 길을 나서는 것은 민망하기 그지없다. 법석을 떨며 두어 시간이 지나 이웃마을 창고 바닥에 축축해진 어머니는 누워계셨다. 봄풀이 빗물에 젖어있었다. 해독되지 않는 현실의 길 위에 서서, 얼어 굳어진 어머니를 안고 나는 무참했다. 이 단순 명료한 단어를 쓸 수밖에 없는 내 글이 가엾다. 병원으로 달리는 응급차는 더뎠고, 차안은 바빴다.

병원에 도착하고 몇 시간이 지나고 나서 온기가 어렵게 찾아왔다.

어머니 머릿속의 길들을 나는 볼 수도 만질 수도 없다. 지상의 길을 밟으며 당신의 머릿속에 어떤 길을 찾아 나섰을 것이다. 아랫돌이 더 크고 윗돌이 작은 이치는 건물에서는 당연한 물리적 구조일 수 있다. 어머니가 밟는 물리적 길들도 윗길 아랫길이 있을 터이지만 이미 얽혀 지향점을 잃은 지 오래다. 그러면 머릿속에 떠도는 어떤 길을 찾아, 밤 중 어느 시간에 비를 맞으며 나섰을 것인데 어머니에게 그 길은 고정되어 있지 않다. 모르긴 하되 어머니의 길은 90여 년이 뒤엉켜 움직이고 탄생했다 소멸하는 과정을 되풀이 하고 있는 것 같다.

지상의 길이란 것은 걷고 있는 사람이 바라볼 수 있는 곳까지만 길이다. 보이지 않는 곳은 보이지 않으니 길이 있다한들 바라보는 이에게 길이라고 할 수 없다. 그날 밤, 어머니가 바라볼 수 있었던 길은 몇 미터 앞의 지상에 뻗어 있는 길은 아닐 것이다. 당신의 순결한 노동만으로 살아낸 지나온 길을 더듬다 문득 어떤 길이 생각난 것일 수 있다. 불민한 자식은 길 위에서 그 길이 무언지 끙끙댈 뿐, 선뜻 그 길에 들어서지 못하고 있다. 무언가를 알고 싶은 것이 갑자기 생긴 걸까. 어머니에게 물어 볼 수도 없다. 무언가 알기를 더 원하여 살아가는 것이 삶의 길이라면, 아는 날까지 꾸역꾸역 걸어볼 도리밖에 없다.

지상의 길도 누군가 한 사람 한 사람이 걷기 시작한 것이 길이 된다. 한 사람의 여정에서 그 사람이 처음 걷기 시작한 길을 다른 사람이 따라 걷기도 한다. 이런 경우가 여러 사람에게서 일어나고 또 그 뒤를 따르는 사람이 생겨날 때 그런 길들이 모여 그 시대의 문화가 되기도 한다. 한 시대에 펼쳐지는 문화의 흐름은 역사를 이루는 뼈대가 되기도 한다.

그러므로 길은 한 사람만의 것은 아니요, 길들이 얽히고 포개져 역사의 요긴한 소재가 되기도 하는 것이다. 나의 이 빈약한 논리는 어쩌다 생겨난 억지 주장만은 아닐 터이다. 온전한 정신으로 어린 내게 일러주던 '옳은 길'을 걷고자 애를 썼다. 이젠 당신이 밟던 길도 내게 일러주던 그 길도 어머니는 모두 잃었다.

길은 뻗어 있고 그 위로 우리네 삶의 길이 흐른다. 내가 걷고 있는 이 길이 혹여 누군가가 되짚고 올 수 있는 길이라면 한 인생의 삶속에 최고의 찬사가 될 수도 있을 터다. 대중없이 길을 나선 어머니의 그날 밤 길도 오래전 당신이 걷던, 아니면 걷고자 했던 길일는지 모른다.

누워 있는 길 위에서 지나온 어머니의 길들과 가보지 못한 내 길들을 생각한다.

밥이라 쓰고 법이라고 읽는다

아내와 모의했고 나는 실행에 옮겼다. 모의 시간은 늘어졌고, 긴 시간은 축축하고 헐거워 몸에 감기지 않았다. 나는 말할 수 있는 것들을 찾았고, 말하여질 수 있는 것들의 더러움에 목이 메여 겨우 말했다. 아내는 더러 울었다. 더러움을 내 입으로 말할 때, 내가 알고 있는 세상의 아름다움이 아까워 손끝이 시렸다.

압력밥솥의 뚜껑을 감췄다. 당신의 작은 키로는 손에 닿지 않게 맨 위쪽 찬장 깊숙이 넣었다. 품에 안고 젖을 빨리고 밥알을 으깨어 입에 넣어주던, 그 일을 할 수 없을 것이라 믿으며 밥을 안치는 것부터 근원적으로 차단을 해야겠다고 모의했고 합의한 일이었다. 하지만 당신의 고단하고 순결한 노동으로 밥을 먹여온 아들의 잔꾀 정도는 통하지 않았다.

퇴근해서 주방에 들어서니 압력솥의 추는 사물놀이판의 상쇠머리 돌아가듯 하고 밥 탄내가 진동했다. 숨길 수 없는 세상의 아름다움도 절벽의 꽃을 따오는 과정이 있다면 목숨을 걸어야 할 때가 있다.

 밥하는 일은 이젠 위험하니 그만하시라고 수년 전부터 수십 차례 건넨 말이다. 하지만 아들이나 며느리의 지껄이는 소리가 어머니의 머릿속에 남아 있지 않다. 그렇게 머릿속을 비우신 지가 꽤 오래되었다. 흐르는 시간의 개념을 잊은 지 오래다. 그저 진행을 느리게 하는 약이 최첨단 의술이라니 도리가 없다.

 해가 앞산으로 뉘엿뉘엿 기울면 어머니의 모든 일정은 쌀을 씻고 밥을 안치는 것으로 집중된다. 가스 불을 조절해 가며 밥을 익히기에 어머니의 능력은 너무 어리다. 밥이 자처지기도 전에 탄내와 소리가 요란하다. 시간을 가늠하지 못하니, 점심 이후 갑자기 먹구름이라도 몰려와 사위가 어둑해지면 어머니의 시간은 저녁밥을 안쳐야 될 시간으로 건너뛰기 일쑤다. 점심을 먹고 두어 시간도 채 지나지 않아 저녁밥을 먹어야 하는 흐린 날은 당신의 맑은 얼굴 앞에서 몸이 떨었다. 당신에게는 그것이 밥이고, 그렇게 하는 것이 법이다.

 도대체 아침, 점심, 저녁 하루 세끼를 먹어야 하는 법칙은 누가, 언제부터 만들었을까. 세상에 존재하는 모든 법칙들 중에, 그 법칙들이란 것이 세상을 돌아다니며 얼마나 많은 오류를 범했고, 오류의 반복 속에서 그것은 역사가 되기도 하고 문화를 만들기도 했으리라. 일반화 할 수 없는 선을 넘어서는 상상으로 치부할는지는 모르지만, 모르긴 해도 법칙은 한 가정의 밥상에서조차 제 나름의 횡포를 부려 밥상의 법칙도 역사가 되고 문화가 될 수 있는 것이리라. 그것이 합당한 역사나 문화이든, 오류의 그것이든 아들이 감춰둔 솥뚜껑을 기어이 찾아내 한 끼의 밥을 기어코 안치고야 마는 어머니의 거대해진 모습에서 잘난 아들은 그저 이 저녁도 별난 사고 없이 밥이 익어가는 비릿한 냄새를 맡고 있을 뿐이다.

어머니의 젊은 시절, 가장의 벌이가 시원치 않다고 끼니때를 건너 뛸 수는 없었으리라. 아버지의 꼿꼿한 독선은 담 너머로 빈 바가지를 보여주는 것은 허용되지 않았을 것이다. 그렇다고 한 끼 정도 건너뛰자고 어머니까지 직무유기를 할 수는 없었으리라. 그리해 본들 어린 자식들의 빈 입 앞에서 당신의 가슴만 무너져 내릴 뿐이지 무슨 방도가 있었겠는가. 자식의 입에 밥을 넣어주어야 하는 것을 직무니 의무니 하는 말은 가볍고 천하다. 밥을 먹여 배를 불리고, 하루의 끝에 곤히 잠든 모습을 보는 것이 당신의 밥이고, 사랑하는 법이며, 살아가는 역사다. 그것은 당신이 눌러 써, 성문화된 엄중한 법이다.

세상의 아름다움을 말할 때, 세상의 더러움 또한 떠오르기 마련이다. 어머니가 밥을 만들기 위해 겪어야 했던 더러움에 대해서 몸이 떨리지만, 당신이 만든 법 안에서 세상의 아름다움은 더 가까워 그 위험한 밥짓기의 노동을 만류만 할 수는 없는 노릇이다. 그러니 말하여질 수 있는 것들의 한계를 벗어나 말할 수는 없다.

어린 시절, 대낮의 빛이 어느 순간 일제히 하늘로 불려 올라가 갑자기 어둑해지는 날이 있곤 했다. 무더기로 올라간 빛은 죽고, 소나기를 퍼부은 후 뒷산에 색을 바꿔가며 퍼지다가 끝내 까맣게 가라앉을 때, 어머니 몸에 배어 있는 비린 밥 향기는 온 가족을 평화롭게 불러 모았다.

밥을 떠나 어머니의 사랑에 더 큰 것이 있다고 말하지 마라. 그러면 여태껏 당신께서 만들어온 역사는 왜곡된 역사가 되고 흐려진 문화에 지나지 않을 것이다. 당신에겐 그냥 법이지 선한 법도, 악법도 아니다. 내게는 그러하다. 그래서 만들어진 밥을 넘기며, 끝끝내 내 땅이라는 이유만으로 독도를 지켰다던 어떤 이들처럼 나도 목이 메었다.

잠깐의 불같은 사랑이야 누군들 못하랴. 그러나 한 가정에서 역사라 쓸 수 있는 밥은 다르다. 뜨거운 한 끼를 먹어서 될 일이 아니다. 오늘도 세 끼를 먹고, 또 내일도 다른 세끼를 먹어야 한다. 다른 대책이 없다. 대책이 없는 것을 대책을 세워 만든 것이 밥이고, 사랑이고, 한 가정의 역사다. 박박 소리를 지르며 포악을 떠는 쌀독을 들여다보며 왜 원망이 없었으랴. 빈 바가지를 받아든 옆집 아낙이 닭 모이 주듯 내준 몇 줌의 쌀바가지를 들고 그 집 부엌궁둥이를 돌아 나올 때, 치욕스러움은 비껴만 있었을까.

기어코 찾아낸 솥뚜껑을 보는 순간 구순의 노모는 안도했

으리라. '쌀이 없는 것도 아니고 솥이 없어 밥을 못해서야 어디······.'

'현실에서 밥과 사랑이 치욕과 원한보다 앞선다.' 노모의 몸에서 저절로 새 나오는 말에 기막혀, 뻘쭘히 서 있는 내게 작가 김훈이 일러준 말이다.

어머니 이제 말씀 좀 해주세요.

       초록은 발기를 마치고 늠늠한 푸른색 옷으로 갈아입는 계절입니다. 어머니가 우기시는 겨울이 아닙니다. 겨울에는 눈이 내려 하얗고 지금은 아카시 꽃이 당신이 무릎으로 일군 비얄밭 둑을 하얗게 물들인 거예요. 어머니는 나보고 아직 여러 계절도 구분 못 한다고 지청구시지만, 어머니는 나를 스물여섯에 윗방에서 낳으셨어요. 내가 아직 어린 나이면 어머니는 서른다섯쯤 되었나요, 아니면 마흔은 넘기셨나요. 어머니, 이제 숫자놀이는 그만 하기로 해요.
  당신은 막 샤워를 마치고 요대기 위에 앉아 계십니다. 윗옷은 헐렁해져 가슴을 감쌀 수 없어요. 떨어진 감꼭지 같은 유두가 여전히 제자리를 지키고 있는 게 보여요. 내게 생명을 전해주던 곳인데 아직도 무선으로 기별을 받을 수는 있어요. 순결한 소녀의 모습입니다. 어머니는 아버지와의 사이에 우리 형제들을 낳으셨으니 동정녀 마리아의 모습은 아닙니다. 당신의 유두는 더 이상 발기하지 않습니다만 동백이 뚝 떨어지던 날처럼 설운 일은 아닙니다. 당신의 얼굴에 새롭게 피어나는 꽃은 무늬와 질감이 모두 다른 꽃으로 피어납니다. 어머니, 꽃은 피고 지고 하는 것이 아름다운 것이지 사뭇 피어 있기만 한 꽃은 아름답지도 열매도 맺지 못합니다. 그러니 크게 괘념치 마세요. 아, 이런 말도 어머니가 하던 말을 배운 것에 지나지 않아요.

지난 밤 당신은 어디를 다녀오셨는지요. 자식이 옹골차게 잠가 놓은 현관문을 어찌 여셨는지요. 젊은 엄마는 어린 내 잔꾀를 언제나 훤히 알고 있었지요. 그러면서 늘 모르는 척 하셨잖아요. 그렇긴 하거니와 이젠 내가 어른이 됐는데 날 무참하게 하셨어요. 자식이 놀라는 게 재미있으셨나요. 뒤따라 쫓아가 봤지만 어머니는 번개처럼 사라지고, 가로등 아랫길에는 먼지도 일지 않았습니다. 그날 이른 봄비가 주룩주룩 내리고 있었어요. 사뿐사뿐 어디를 다녀오셨나요. 어머니 이제 말씀 좀 해 주세요.

어머니 젊은 날 다니던 길이 거기에 있던가요. 아니면 당신 곁을 떠난다고 말도 없이 자리 비운 당신의 딸을 찾아 나섰나요. 누나는 이제 세상에 없어요. 어머니는 그것도 모르잖아요. 그러면서 돌도 지나지 않아 떠났다는 첫 아이는 왜 가슴에 안고 계시나요. 요양원에서 다른 사람들이 물으면 꼭 사남매를 두었다고 하셨잖아요.

어머니, 누이의 49재 지난지가 한 달도 넘는데 누이를 어디가 찾으려고 나가셨어요. 그래, 찾아간 곳에 누이는 있던가요. 누이와 미장원에서 만나기로 했다고 하셨는데 그건 벌써 40년 전의 일이에요. 미장원서 머리를 함께 하기로 했다고 우기셔도 지금은 그 미장원도 없어졌어요. 누이는 어머니가 만질 수 없는 먼 곳에 갔어요. 어머니는 살아계시잖아요. 아버지 어머니가 주신 살과 뼈를 고운 가루로 만들어 놓고 먼 나라에 살아요. 가끔은 훨훨 날아 당신을 모시고 들길을 걷기도 하는 것 같은데, 하지만 이젠 긴 머리카락도 고운 이마도 만질 수가 없어요. 거긴 다른 세상이에요. 어머니는 살아계시잖아요. 그러니 어머니가 말씀 좀 해 주세요.

그렇다고 십 여리나 떨어져 있는 읍내에 밤길을 밟아 어찌 가시려고 길을 나섰나요. 그래, 가시는 길에 팽나무골 옆 빨래터는 아직 거기에 있던가요. 아버지의 분내 나던 적삼을 방망이로 두들기던 넙적한 돌은 샘가에 그대로 놓여 있던가요. 개울 건너 다랑이 논에는 지금 무엇이 자라고 있던가요. 개구리 울음 소리는 들리던가요. 그 해 봄, 논가의 둠벙에 물은 잦아들었는데, 마른 바닥에서 팔딱이던 송사리 떼를 보고 왜 당신은 울고 계셨나요. 논이 말라 모내기를 할 수 없어 우신건가요. 숨이 가빠 팔딱이던 송사리가 자식들 모습으로 보였던가요. 찾아간 내게 '밥 먹고 나왔니? 하시고는 저를 안고 왜 또 우셨나요. 어머니 이제 말씀 좀 해주세요.

빨래터에서 젖은 눈으로 아버지 적삼을 헹구다, 저만치 나뭇짐을 지고 오는 시동생을 보고 젖은 옷을 손에 움켜잡고 달려가 삼촌 앞에서 왜 눈물을 떨구셨나요. 그때 엄마가 울어 나도 울었어요. 나뭇짐에 꽂힌 진달래를 받아 내게 쥐어 주시고 앞치마를 걷어 올려 눈가로 가져가시며 '눈에 뭐가 들었나.' 했지만 눈물을 닦고 있었던 걸 내가 모를 줄 아세요. 내게 '꽃 참 곱다.' 라고 하신 말씀은 내게 한 말인가요, 당신께서 혼자 한 말인가요. 어머니 이제 말씀 좀 해 주세요.

지난 해 가을이었던가요. 들길을 걸어 형을 찾아 나선다기에 따라 나섰더니 돌아오는 길에 들국화만 한아름 안고 돌아오셨습니다. 찾으러 간 형은 거기 있던가요. 형은 뭐라고 하던가요. 지천으로 피어있는 들꽃 땜에 형을 잠시 잊으신 건 아닌가요. 세상의 모든 아름다운 것은 다 기억하시며 그 아름다움이 시드는 것을 어머니는 왜 모른다고만 하시는지요. 길가에는 눈여겨 볼 아무것도 남아 있지 않고 박주가리 넝쿨과 도깨비바늘 마른 줄기만 있는데 뭐가 그리 곱다고 말씀하신 건가요. 구절초와 쑥부쟁이는 얼른 구분해서 꺾을 수 있으면서, 그날 달빛에 비친 내 얼굴을 만지며 형의 얼굴이라고 왜 그렇게 우기셨나요. 그 때부터 나도 어머니께 거짓말하는 법을 배웠지요. '엄니 말이 맞어. 내가 큰 아들 우태야.' 형이 느닷없이 가버리던 날, 마당에서 기절하고, 삽짝에서 까무러쳤으면서 왜 거덜난 가슴을 움켜잡고 아닌 척하고 계셨던 건가요.

  어머니 이제 말씀 좀 해주세요. 날이 저물면 저녁밥 차려 놓고 기다리던 젊은 엄마를 이젠 내가 기다릴 수 없어요. 시간은 자꾸 가는데 그 시간에 저항해 볼 힘이 나에게는 없어요. 당신이 아무리 우겨도 막내 나이가 예순을 훌쩍 넘어 갔어요. 머리가 허연 내가 막내라고요. 그렇다고 급한 맘에 시간을 앞지를 용기도 재주도 어머니에게 하나 남은 아들에겐 없어요. 내게 한 가지 보태진 것이 있다면 전에는 보이지 않던 아름다움이 느닷없고, 벼락 치듯 눈에 들어온다는 거예요. 지금 당신의 모습에서 얘기로만 들었던 시집오던 날의 당신 모습을 읽어낼 수 있단 말입니다 어머니.

  그러나 그 아름다움을 말할 때, 문득 세상의 더러움이 생각나서 치가 떨려요. 그렇다고 더러움을 세상에 말할 때는 아름다운 것이 생각나 안으로 집어넣고 스스로에게 연민을 얹을 뿐 다른 것은 할 수가 없어요. 내가 말할 수 있는 것들은 나의 한계를 넘어서 있거든요. 어머니도 혹 나와 같은 이유로 말씀을 안 하고 계신 건가요. 어머니가 말할 수 있는 한계를 넘어서기에 침묵하고 계신 건가요. 그래도 어머니, 이젠 말씀 좀 해주세요.

  어머니, 어머니는 아직 살아계시잖아요.

어여 가거라, 바로 오너라

요양원 면회실은 한적했다. 휠체어에 몸을 얹은 어머니는 흙덩이처럼 표정이 없다. 처음엔 자주 찾았으나 이번엔 거지 달포만이다. 자식의 얼굴을 알아보기는 하는 건지. 삭정이처럼 마른 팔목과 굵어져 굳어버린 손마디는 장작개비처럼 움직임이 없다. 순결했던 평생의 당신 노동은 이제 온몸에 내려앉아 굳어진 뼈마디로 남았다.

"엄니 나 왔소. 아들"

눈길을 주나 싶더니 거둬들인다. 면회실을 나서며 몇 번을 '또 올 테니 잘 지내고 계시'라고 해도 아들의 말을 들은 체 않는다. 또 돌아봐도 손짓이 없다. 고향 집에 들렀다 객지의 거처로 갈 때면 수십 년을 내게 하던 손짓, 그 손짓이 이젠 없다. 밖으로 나오니 몸에 와 닿는 이른 봄의 햇살이 서러웠다.

고등학교 시절 처음 고향집을 떠났다. 고단하겠지만 어미 따순 밥 먹으며 다니는 것이 나을 거란 말을 귓등으로 흘리고 자취생활을 시작했다. 보름에 한 번, 한 달에 한 번, 그러다 잦은 시험을 핑계로 두세 달에 한 번 집엘 갔다. 그때쯤이면 반찬은 바닥이 나 있었고 쌀통조차 허전해졌다.

하루 밤을 지내고 집을 나서곤 했다. 동구 밖까지 뒤따르는 어머니의 머리와 손에는 쌀과 밑반찬이 들려있었다. 마을에서 읍내로 나가는 삼거리께서 짐을 옮겨 받아 가지고 오곤 했다. 어떤 날은 해질녘 집을 나서기도 하고, 어떤 땐 이미 어둑해진 고샅을 나설 때도 있었다. '하루 더 자고 갈 거 아닌데 어서 나서 거라' 하는 아버지의 채근을 받으며 집을 나서곤 했다. 동구 밖에서 짐을 옮겨 받아 돌아설 때 어머니는 등 뒤에서 늘 말했다.

"가거라 어여 가거라, 한갓지면 또 오너라."

그리 말하며 팔을 뻗어 손등으로 나를 보냈다. 몇 번이고 손등으로 내 등을 밀어 떨어지지 않는 발길을 옮기게 했다. 손등으로 나를 밀고, 손 안쪽은 다시 당신의 몸을 향해 당겼다. '어여 오너라 어미한테로 오너라' 하고 속으로 말하며. 자식을 객지로 떠나보내며 바로 불러들이는 것이다. 이런 일들은 계절과 상관없이 일어난 일들이라서 정물화 된 모자의 풍경 배경에는 여러 그림이 겹친다.

개구리 소리 요란한 써레질 마친 정갈한 논이 있었다. 삼거리를 지나며 아카시아 꽃이 어둔 밤을 밝히며 향을 뿜어내던 날도 있었고, 낙엽이 뚝뚝 떨어지는 저녁, 비가 부슬부슬

내리고 젖은 낙엽이 납작 엎드린 길을 어머니와 걷던 가을의 어느 날도 있었으리라. 또 그날은 눈보라가 치고 바람이 불었던가. 당신의 목에 하고 있던 남루한 목도리를 내 목에 둘러주어 차를 타며 누가 볼세라 가방에 얼른 집어넣던 부끄러운 날도.

대학 2학년 가을학기 때 세상은 부글거렸다. 민주화를 외치던 많은 사람들이 군홧발에 이겨지는 80년대의 시작이었다. 그쯤에 나도 그들 속에 있었다. 같은 세대를 살아내던 그쯤 세대에겐 이미 고유명사로 굳어진 '대통령박정희', 그가 믿었던 부하의 총에 넘어갔다.

두어 번의 경찰서 출두, 폐교령이 내려진 대학, 집으로 돌아가야 했다. 기약 없는 젊은 날의 한 때, 집으로 간다고 없던 기약이 생겨나지는 않겠지만 돌아다니는 것조차 제약받는 몸으로 시내에 머무를 이유가 없어졌다. 그리고 선택한 자원입대가 그나마 보이는 외길이었다. 그 당시 세월은 저 혼자 흘러가고 있었다. 어떤 선택이든 택해야만 했다. 군으로의 탈출, 그 안이 가장 안전한 지대였다. 선택할 수 있는 유일한 길이었다.

그 날, 논산 훈련소로 떠나는 동구 밖 길에서 어머닌 헝클어진 내 머리를 만졌다. '삭발하면 머릿속이 하얄 텐데'라고 말하며. 삼거리를 지났는데 돌아설 기미가 없이 사뭇 내 뒤를 따르셨다. 이제 그만 들어가라고 몇 번의 채근이 있고서야

"그래 난 돌아가마. 갔다가 얼른 오너라."

흰 보자기에 싼 작은 보따리를 내게 건네며 한 말이다. '갔다'가 '와라' 하신 지극히 평범한 말을 평생 잊지 못한다. 말씀을 할 때 어머니의 목소리는 반쯤 울음에 잠겨 있었다. 험한 세상 살아내시며 지금의 시절이 수상함을 어머니라고 왜 모르실까.

그때도 어머니는 내가 삼거리에서 철둑 아래를 지나 읍내가 시작되는 다리를 건너 보이지 않을 때까지 팔을 뻗어 손등으로 밀고 계셨다. 그리고 이내 당신의 품을 향해 끌어당겼다. 입으로 전한 '가거라 그리고 얼른 오너라' 하신 말은 뻗은 손 안에서 형상되고 있었다. 수 십, 아니 수 백 번의 헤어짐과 만남이 모자지간에 있었으리라. 하지만 단 한 번도 손바닥만을 보이며 잘 가라고 흔드는 모습을 본 일이 없다.

어머니는 삼 개월 째 요양원에 계신다. 거동이 그나마 그만해서 주간보호센터에 나가다 이젠 요양원으로 자리를 옮겼다. 움직이는 것은 점점 더 불편해지고 정신은 흐려지고 있다. 안고 통곡해서 해결될 일도 아니지만 그렇다고 생명 있는 세상의 모든 것은 한 번은 떠난다는 진리를 내 모르는 바 아니거니와 자연현상이려니 하고 덤덤하게 받아들이기엔, 내 어미이기 때문에 쉽지 않다.

요양원으로 떠나오기 며칠 전, 잠깐 맑아진 어머니는 아들을 똑똑히 알아보고 계셨다. 부축하던 내 손을 잡아당겨 손등을 수없이 쓸어내렸다. 팔목을 어긋나게 비비며 다른 손으로 내 손등을 쓸었다. 어머니의 사랑 표현은 손이었다. 가야 하는 발걸음에 앞에 손등으로 밀고, 이내 당신의 품으로 불러들이는 어머니의 몸짓이었다.

 같잖은 짧은 글이 탈고되어 활자화되기 전에 어머니는 먼 길을 떠나셨다. 떠날 것을 고통으로 준비하고 계신 어머니께 당신의 가슴을 쓸어내리며 '더 욕보지 말고 이제 편히 가셔도 된다'고, '먼저 가 계시라'고 말했다. 당신께서 아들에게 수백, 수천 번 했듯이 '갔다 바로 오시라'고 난 말하지 못했다.

안방

내 탯줄을 끊은 방은 아니다. 30여 년 전에 태어나 살던 집을 허물고 새로 지은 집이다. 마흔이 되기 전이니 지금보다 의욕도 왕성했을 터이고, 앞으로 살아갈 날들에 나름 자신이 있지 않았나 싶다. 고쳐서 살만한데 왜 집을 부수느냐는 아버지의 만류를 귓등으로 흘리며 옛집을 부쉈다.

옛집은 서향이었다. 아침이면 뒷문을 통해서 장독대를 적신 햇살이 안방으로 흘러들었다. 낮에 부엌 궁둥이를 쓰다듬던 햇살은 저녁이면 마루에 노을을 쏟아 부었다. 어릴 적 그 시간이 정말 좋았다. 마루에 배를 깔고 숙제를 하거나 들에서 돌아오지 않은 엄마를 기다리곤 했다. 기다리다 지친 날은 마루 중간을 떠받치는 기둥에 목을 어긋나게 대고 잠들었던가.

아침 일찍 오겠다던 포클레인은 해가 안방에서 빠져나가 부엌 궁둥이에 머물 때였다. 마당에 목을 길게 뺀 중장비가 들어서니 야트막한 슬레이트 지붕은 놀란 듯 납작 엎드린 자세로 포클레인의 큰 바가지 밑에 웅크리고 있었다. 굉음을 내며 바가지가 슬레이트 지붕에 얹히고 몇 번의 고갯짓을 하자 부엌 쪽부터 안방, 윗방이 폭삭 주저앉았다. 십 여분이나 걸렸을까. 삭은 서까래와 기둥들이 깨진 흙벽돌과 엉키면서 바닥에 납작 엎드렸다. 태어나 30여년을 살았던 거처가 이렇게 힘없이 침몰할 줄은 몰랐다. 내심 중장비의 위력을 모르는바 아니지만 얼마의 시간도 버티지 못하고 내리찍듯 긁는 쇳덩이 앞에서 속수무책 무너지는 것이었다. 그래도 좀 버티다가 넘어갈 것이지 하는 아쉬움이 속에서 바글댔다. 조금 버티다 넘어진다고 내 자존심이 세워지는 것은 아닐 테지만 그래도 마음 한 구석이 씁쓸하며, 아버지의 자존심까지 무너뜨린 것 같았다. 아버지가 10대 후반이던 시절에 할머니와 흙벽돌을 찍어 지은 집이라고 생전의 아버지는 자랑스럽게 몇 번을 말씀하셨다.

　새로 지은 집은 남향으로 지었다. 사랑채가 있던 자리다. 아버지는 새로 지은 집의 안방에서 10여년을 사시다 가셨다. 먼 길을 떠나기 달포 전 쯤, 세 번째 입원 길에 오르며 방안을 찬찬히 둘러보던 모습이 눈에 선하다. 다시 들어서지 못할 것을 아시고 계셨을까. 당신이 쓰던 소파며 방안에 걸린 사진들을 눈에 담느라 한참을 문 앞에 서 계셨다.

　혼자되신 어머니가 안방의 새 주인이 되었다. 혼자되신

후 20여년을 그 곳에서 살다 가셨다. 아버지가 계실 때는 다른 방은 썰렁해도 안방엔 늘 온기가 돌았다. 처음 고향을 떠나던 고2 때도, 대학 2학년을 마치지 못하고 느닷없는 휴교령으로 지원입대 하던 날도, 결혼해서 여행을 마치고 아내와 고향집을 찾았을 때도 아버지와 어머니는 안방에 계셨다. 거기서 절을 드리고 앞으로의 계획을 말씀드리곤 했다. 다른 장소에서 뵙는 것은 진정한 인사법이 아닌 듯, 꼭 안방에 자리 잡고 절을 받았다. 그런데 지금은 안방이 썰렁하다. 보일러 온도를 올려드려도 조금 후면 바로 껐다. '아무도 없는 방에 불을 왜 때느냐' 하시며. 아버지가 아니 계신 안방이 어머니에게는 아무도 없는 방이 되는 것이다. 당신의 삶 앞에 아버지는 안방의 주인으로 자리하고 계셨다. 지금 그 주인이 계시지 않는 방은 그저 빈 방이다. 삶은 숫자나 양으로는 계량할 수 없는 무엇이 있는 것 같다.

그렇게 10여년을 더 지내셨다. 병을 얻고 부터는 말씀이 현저히 줄었다. 가끔 맥없이 바라보던 벽에 걸린 사진도 보지 않았다. TV를 켜드려도 보는 둥 마는 둥 하셨다. 아버지가 부재인 안방은 더 이상 안방이 아니었다. 아침에 문을 열면 누워서 미동도 안하고 있어 놀란 가슴을 쓸어내리곤 했다. 밤중에 돌연 방을 나서기도 하셨는데 나가는 것을 눈치채지 못해 찾아 나선 것도 한 두 번이 아니다. 간신히 달래서 안방에 뉘여 드리면 한동안 평안히 주무셨다.

내게 안방은 늘 부모님이 계신 곳이었다. 내가 안방에 든다는 것은 부모님께 긴요한 말씀을 올리거나, 한 가정의 대주로서 하달하는 말씀을 듣기 위함이다. 그 방이 비어 수리를 하고 우리 내외가 들어가기로 한 것이다. 안방의 주인이 바뀌는 것이다. 어머니가 안방을 비운지 서너 달이 지난 후의 결정이었다.

안방을 이제 아내와 내가 차지하게 될 것이다. 집을 지은 지 삼십년이 넘었으니 창틀도 뒤틀리고 방바닥도 일부 주저앉았다. 무엇보다 화장실이 좁고 불편했다. 어머니가 계실 때 손을 보려고 차일피일 미루다 떠나신 후 손을 대는 꼴이 되고 말았다.

아침에 서둘러 온다던 인부들이 해가 중천에 떠서야 왔다. 내게 안방에서 서성거릴 시간을 더 주려고 늦게 오나 싶어 되레 고마웠다.

묵은 세간을 서울 사는 큰애를 불러내려 밖으로 옮겼다. 두 분이 쓰던 장롱은 문짝이 뒤틀려 있다. 서랍에서 땅 거래 문서들이 나왔다. 세로로 줄이 쳐져있는 얇은 종이에 펜글씨로 내려 쓴 것이 이채롭다. '아, 선산에 딸린 비알 밭을 이때 되찾았구나.' '논을 이때 사고 두 분이 그리 좋아하셨구나.' 이제는 필요 없는 문서들이지만 당신들의 노동의 대가들이 거기에 있었다. 나도 버리지 못하고 얼른 챙겨 놓았다. 가난한 집안의 대주로서 등허리를 짓누르던 굴레가 낡은 땅 문서들에 배어있다. 거칠고 굳어진 손마디로 이 문서들을 어루만지고 장롱 서랍 깊이 넣어두었으리라. '이것이 새누리골 논이 우리 땅이라는 문서여.' 하시며 어머니 앞에서 문서를 흔들어 보이던 아버지의 자존심이 보인다. 읽지 못하는 한자들을 어머니는 들여다보셨으리라. 그리고 감격에 겨워하셨으리라. 뒤틀린 허리의 통증도, 닳아 뭉개진 손끝이 아려옴도 그 순간은 잊으셨으리라. 그 종이를 버릴 수 없었다.

아버지도 가시고 어머니도 가셨다. 부박하고 고달프고 거친 당신들의 삶이었다. 안방을 비우고 벽에 걸려 있던 당신들의 사진도 마지막 가시던 날 재가 되어 함께 떠났다.

안방을 수리하는 중이다. 거실은 조금 넓히고 화장실 문도 옆으로 새로 냈다. 말년의 어머니는 방안에 들여놓은 좌변기를 마다하고 성치 못한 걸음으로 화장실을 다녀오다가 문턱에서 주저앉은 적이 있었다. 턱이 진 안방 문턱을 넘지 못하고 안방을 내게 비워주셨다.

30여 년 만에 리모델링한 안방에서 첫 밤을 맞이하던 날, 침실은 평온했다. 오랜 방랑생활을 하고 온 것도 아닌데 마치 그리했던 것처럼. 아주 두터운 어둠이 집을 감싸고, 어둠에 묻힌 안방에서의 밤은 아늑하고 깊었다.

그 밤에 두 분이 다녀가셨다. 기꺼이 방을 비워주는 자애로운 어른으로.

초혼招魂

풍경은 머릿속에서 그려져 밖에 있고, 그걸 그리며 생긴 자국은 내 안에 머문다. 옷 한 벌로 생긴 일이 느슨한 시간들을 온통 버무려 신비감으로 다가올 줄은 몰랐다. 그건 초겨울 저녁 서쪽 하늘에 찬란하게 물들어 있던 노을이 문득 침몰하는 것 같았다. 한 가지 명료한 것은, 어둑한 새벽 집 뒤꼍에 섰을 때 느닷없이 눈에 들어오던 샛별처럼, 이 일을 마치고 나서야 이승의 내가 저승 어머니의 시간에 닿을 수 있을 거란 대중없는 믿음이었다. 그건 '믿음은 바라는 것들의 실상이요, 보이지 않는 것들의 증거', 라는 성경적 믿음과는 결을 다르게 하는 느닷없는 결정이라고 하는 게 옳을 것이다.

유품을 가지고 있어야 그걸 매개로 이쪽과 저쪽이 이어질 수 있는 거라고 믿지는 않는다. 다만 내가 이쪽에 있으니 어머니의 저쪽을 알 수 없고, 저쪽에서는 이쪽을 알 수 있다한들 전할 방법이 없다. 그렇긴 하거니와 어머니의 시공時空에

잇댈 수 있는 방법으로 이쪽에 남은자의 몸짓이 부질없을 거라고는 생각지 않았다.

나는 어머니가 떠난 이후, 흐르던 시간이 멈춰 나를 가두고 있다고 생각했다. 갇힌 존재로 떠난 어머니를 보내지 못한다고 둘의 시공時空이 포개질 수는 없다. 부를 수 있는 나는 아직 살아가고 있음과 내가 그릴 수 있는 풍경 안에서 대답하는 어머니의 부재를 확인하는 것뿐이다.

이쪽과 저쪽의 시간들이 비벼지는 과정은 만지거나 만져질 수 없는 아픔이다가 따스함이기도 했다. 해서 추억의 풍경으로 밖엔 그릴 수 없음에 상처자국으로 남는다. 또한 이런 풍경을 글로 쓸 때 가난한 내 문장은 그저 안쓰럽다. 더 이상 진척 없는 살아있음과 죽음에 대한 사유는 혼돈의 늪으로 빠져들었다. 늪을 빠져 나온들 다시 무참해질 뿐이었다. 여러 날들이 이렇게 흘러가고 있었다. 이런 날 새벽이 되어서야 만나는 잠은 아득했고, 기진해서 깨어나지 않아도 좋을 만큼 곤했다.

떠나시던 날, 육신을 떠나는 당신을 불러 의식을 치러 보내드리고 육신은 내가 사는 시공에 가루로 머무는 것인데, 수십 일이 지나서 가신 이를 다시 불러 마무리 되지 않은 의식을 치루겠다는 발상부터가 맹랑한 일이었다. 살아있는 자식이 부른다고 '엄마 배고파 밥 줘.' 하던 내 어린 날의 그때처럼 '그러마.' 하고 하던 일손 내려놓고 달려올 수 있는 일이던가. 그렇긴 하지만 방금 겪은 일처럼 앞뒤 아귀 맞는 말을 들이대는 데는 버틸 재간도 그 말을 무시해버릴 수 있는 억지조차도 만들어낼 수 없었다.

"아주머니가 헤진 옷을 입고 그곳에 들어서질 못하더라니까. 옷이 남루해서 들어서지 못하겠다며. 뭔 꿈이 이리 생시 같은지."

이웃해 살며 적골댁으로 불리는 집안 형수의 꿈 얘기를 곧이곧대로 들을 일은 아니지만, '적골댁 꿈은 신통하다니까. 어떤 땐 섬뜩하게 들어맞아.' 하는 주변의 얘기를 아예 무시할 수도 없는 노릇이었다. 더구나 이번엔 내게 뭔 다짐이라도 받아 내려는 기세였다.

"참말이여 서방님. 내가 오죽 생시 같으면 아주머니 옷 만지던 내 손바닥을 마구 비벼댔을까."

사실 나도 그동안 잠자리가 편한 것만은 아니었다. 천수를 다하고 가신 거라고 주변 사람들은 위로의 말을 건넸다. 그런 위로의 말이 없었다하더라도 더 오래 모시지 못한 아쉬움이나 한이 될 건 없었다. 새댁시절부터 몸이 부실해 당신 스스로 환갑이나 넘길지 모르겠다고 자주 말씀하셨다. 삶의 끈을 놓은 시점이 당신의 복인지 자식인 내 복인지는 알 수 없으나, 병원에 두어 번 누워계셨던 것 외엔 큰 병치레 없이 살아내셨다. 불행이라면 당신 슬하에 두었던 자식들이 막내인 나를 남기고는 모두 앞서 보냈으니 노년의 당신 육신이 아무리 편하기로 복 받은 일생이라고 말할 수는 없을 것이다.

끝자락의 몇 년 동안 멀고 흐려지는 어머니 머릿속은 버무려지고 비벼지는 시간이 됐고, 그 시간을 같은 공간에서 함께했다. 어떤 날 어둑해질 무렵, 전깃불 켜는 것을 잊은 어머니께선 퇴근해 마당을 들어서는 내게 성냥을 달라고 하셨다. 그런 당신께 불을 밝힐 등잔도 있어야 하지 않겠냐고 창고를 함께 뒤지다 무엇을 찾는지 까맣게 잊은 어머니와 맥없이 함께 웃었다. 어느 날엔가 한밤중에 막무가내기로 읍내 미용실을 가야한다고 우겼다. 만류하느라 잡은 손목이 아프다고 소리치는 어머니 팔목에 내 손자국이 선명했다. 그냥 안고 울었다. 먼 길 보내드리고 나니 요동치던 시간들이 지나갔음에 감사하고 안온한 느낌으로 자리한 것도 사실이다. 이제 갈길 가셨으니 당신의 옷 한 벌, 고운 당신의 한복 한 벌은 간직하고 싶었다.

치맛단과 저고리의 자주색 옷고름이 고와 보이는 한복이었다. 형이 어미 곁을 비우기 전 맘먹고 해드린 옷이다. 떠나던 날의 사진 속 당신은 얼굴도 한복도 고왔다. 이웃사람이 집에 올 때면 상자 속 한복을 앞세워 큰아들 내외를 자랑했었다.

아내의 성화가 없었더라도 생전의 옷가지를 어찌 보내드릴까 궁리하며 여러 날이 흘렀다. 성화를 하면서도 아내는 당신께서 쓰던 장롱은 건드리지 않았다. 마지막 유품정리는 자식이 직접 하라는 배려였을 것이다.

  서랍장을 여니 입지 않은 옷도 여러 벌 있었다. 더러는 비닐봉지 안에 그대로인 것도 있었다. 그 무렵 경상도 지역에서 일기 시작한 산불이 이웃 산으로 크게 번졌다. 재난지역의 YWCA를 통해 어머니의 새 옷들을 보냈다. 보낼 수 있는 옷이 노인 옷이니 나름 노인이 많이 계신 곳이라 요긴할 거란 생각이 들어서다. 어머니를 위해 산 옷들이 살아있는 비슷한 연배의 어떤 이에게는 바람과 추위를 막아주는 보시가 될 터이다.

  그 후 유품을 정리하는 일손을 멈추게 한 것은 어머니의 한복이었다.

  가신지 석 달이 넘어서고 있었다. '아주머니가 떠나질 못하더라니까. 옷이 남루하다고 하시며.' 하던 집안 형수의 말이 머릿속을 떠나지 않았다. 새 옷을 사다 드려도 냉큼 바꿔 입지를 않으셨다. 멀쩡한 옷 두고 뭔 새 옷이냐고 나무라시곤 했다. 젊은 날 번듯한 옷 한 벌 제대로 입어본 일이 있었던가. 옷과 연계된 일들은 상처자국으로 내 안에 머무는 풍경이다. 어린 날의 그 풍경은 오랫동안 상처자국으로 내 안에 머물고 있다. 옷이 남루해 저곳으로 건너가기를 꺼려하고 있다는 말에는 가슴이 무너져 내렸다. 보내드린다면 받아 입기는 하실는지. 믿음으로 되는 일이긴 한 건지.

좋은 날을 택했다. 그리고 나름의 의식으로 그곳에 들어서지 못한 어머니를 불렀다. 산자의 육신으로 있는 내가, 저쪽에 혼으로 있는 당신께 이쪽의 언어로 말했다.

마당 한편을 비우고 정갈하게 소대燒臺를 만들었다. 날은 맑았고 바람은 일지 않았다. 한복 치마를 펼쳐 잡았다. 저고리의 소맷자락을 치마와 싸잡았다. 저쪽에 대고 당신의 이름을 세 번 불렀다. 소리쳐 불러본 일도, 부를 일도 없을 거라고 생각했던 당신의 이름 석 자. 진주 하 씨 ○○ 여, 이름이 집 안에 내려앉았다. 마지막 부른 이름은 내 목에 감겨 그렁대다 뭉개졌다.

산자의 언어로 다다를 수 없는 영역일터이다. 하지만 산 인간의 언어로만이 부름이 가능할 것이다. 또한 살아 부르는 자의 마음에 죽어 부름 받는 자가 산 인격체로 남아 있어야 유효한 의식일터다.

치마와 저고리가, 그리고 속 겹치마가 붉은 노을 속으로 빠져들 듯 불 속에서 타며 위로 올라갔다. 늦은 봄 따가운 볕이 소대에 괴여 흘러 넘쳤다.

이렇게 볕 좋은 날이면 '마당에 흘러넘치는 봄볕이 아깝다.' 하시며 묵나물을 너시던 어머니가 뿌예진 눈에 어렸다.

"어머니, 내게 오신건가요? 그런데 어머니는 돌아가셨잖아요."

이건 지금 상황에서 말이 되는 것 같지 않아 말이 되어 나오진 않았다.

"어머니 이제는 오지마세요. 여기는 어머니가 사는 곳이 아녜요."

그날 밤, 난 참으로 오랜만에 꿈도 없는 깊은 잠을 잤다.

3부

나비물

나비물
감정에 대한 小考
그냥
그해 여름의 칸나
길 위에서
고구마
손님이 짜다면 짜다
복실이

나비물

우물터는 집에서 멀지 않았다. 삽짝을 나서 고샅을 조금 걸어 나오면 마을을 해바지골과 해너미골로 가르는 큰길이 나왔다. 그 길과 고샅이 만나는 골목 삼거리에 우물터가 있었다. 마을에서 공동으로 쓰는 우물이다. 빗물이 들어가는 것을 막기 위해 머리에는 조악한 함석지붕을 이고 있었다.

수도 시설은 생각지도 못하던 시절이다. 집안에 펌프로 길어 올리는 샘이라도 있는 집은 이웃들로부터 귀한 대접을 받았다. 우리 집은 공동 우물을 사용했다. 두레박으로 퍼 올린 우물을 길어와 부엌의 큰 항아리에 부어 놓고 식수는 물론이고 몸을 씻는 물까지 항아리의 물에 기댈 수밖에 없었다. 어머니의 고단함으로 옮겨져 온 물을 허투루 쓰는 것은 가족 누구에게나 금기된 일이었다. 큰 힘을 써야하는 일이었음에도 누구네 집에서나 물을 길어 오는 일은 아낙들의 차지였다. 집안의 대주인 남자가 물지게를 지고 뒤뚱거리며 길어

나르는, 자상함이 엿보이는 집도 있었으나 아낙들은 되레 눈을 흘겼다. 출렁이는 물의 중심을 잡아가며 부엌 물동이까지 옮기는 일은 힘만 세다고 할 수 있는 만만한 일이 아니었다.

들에서 돌아오신 아버지는 세숫대야에 두어 바가지의 물을 퍼서 마당가의 두엄 밭 머리에서 들일의 고단함을 씻어내곤 했다. 세수를 하고 흙 묻은 발을 씻고, 흰 고무신 안에 흙을 깔끔히 씻어내고서야 세숫대야의 물은 소임을 다한 듯했다. 뿌옇게 흐려지기는 했으나 착하고 순한 물이다.

그러나 세숫대야에 담겨져 온 물의 소임은 여기가 끝이 아니다. 마당가의 푸성귀에 부어주거나, 흙먼지 폴폴 날리는 마당에 휙 뿌려지곤 했다. 때로는 삽짝을 나서 고샅의 뽀얀 흙길을 적셔주어 지나는 이의 발걸음을 사붓이 받아냈다. 물의 마지막 여행길이다. 나비물이다.

마지막 여행길을 떠나는 나비물이라고 똑같은 허드렛물은 아니다. 부엌에서 설거지를 한 물이나 생선이라도 다듬은 비린내 나는 허드렛물은 나비물로 쓰이지 못했다. 이런 물은 하늘 한 번 시원하게 날아보지 못하고 두엄 밭에 부어져 스며들거나 하수구에 버려져 생을 마감했다. 순결을 잃어 버림받는 딱한 물이다.

'나비'에 덧붙여 쓰이는 말은 대체로 나비의 사뿐한 날갯짓과 얇고 여리게 펼쳐진 나비 날개의 모양을 연상케 한다. 세수를 하고 발을 닦고, 거기에다 바깥 마루의 먼지를 훔쳐낼

걸레라도 헹군 순한 물이 쓰이는 것이다. 우물에서 부엌의 물 항아리로, 바가지에 담겨 세숫대야로 옮겨져 자신이 해야 할 모든 소임을 마친 물이라야 나비물로 제격인 것이다. 그런 허드렛물이 나비 날개 모양으로 쫙 퍼지며 마당의 뽀얀 흙먼지를 안고 바닥에 가라앉을 때 나비의 춤사위가 된 물의 모습은 최고조에 달한다.

어디 그 뿐이랴. 텃밭의 상추며 아욱 같은 푸성귀들은 아버지의 나비물과 어머니의 신기에 가까운 나비의 춤사위로 나는 나비물로 적셔지곤 했다. 아주 가끔은 신통치 못한 막내아들의 나비물을 한 모금 얻어 마시며 자랐다. 이튿날 마당에서 곡식 타작이라도 있는 날이면 나비물은 온통 마당을 날아 다녔다. 주연인 순한 물은 어머니의 연출에 따라 춤사위를 펼치곤 했다. 흙먼지를 잠재우고 싸리비로 깔끔하게 빗질된 마당은 이발소를 막 나서는 새신랑의 얼굴처럼 정갈했다.

모두가 오래 사는 세상이고 보니, 이순을 넘긴 나이 가지고 어른의 행세는 언감생심이다. 하지만 예나 지금이나 살아온 물리적 시간이 지나갔음은 매양 같을 터다. 허드렛물도 쓰임새를 찾아 나비가 되어 한 번 더 비상했다가 까무룩 하게 바닥에 내려 앉는 나비물을 떠올려도 예사롭지 않다. 나비 춤사위 하나 흉내 내지 못하던 막내아들의 삶도 그 어디쯤의 구비를 지나며 방향을 가늠해 보고 있지는 않나 하는 생각이 들기 때문이다.

 요즘은 나비가 춤추듯 뿌려지는 나비물을 볼 수 없게 되었다. 거주의 형태도 바뀌고 마당이나 고샅은 블록이나 시멘트로 포장되어 나비물이 춤을 추다가 사뿐히 내려앉을 곳이 없다. 설령 마당이 있다한들 얼굴이나 발을 씻는 것이 마당가나 두엄밭머리가 아니다. 걸레를 헹구는 일은 로봇이 가져갔다. 이런 일들은 모두 집안으로 들어앉았다.

 나의 이 별 볼 일 없는 생애는 그 누구에게 허드렛물이라도 되는 삶이였는가. 순한 허드렛물로 마지막 비상을 꿈꿔 보기는 했는가. 여러 용도로 쓰여 탁하기는 하지만 거슬리는 찌꺼기도 없고, 어떤 역한 냄새 한 숨 배어 있지 않은 순결한 허드렛물의 마지막 비상. 나비물로 날아, 오가는 고샅에 흙먼지를 잠재우고, 타작을 앞둔 농가의 마당을 정갈하게 해주던, 그런 허드렛물의 마지막 비상을 내 삶에 그려 본다.

감정에 대한 小考

어슴푸레 보이던 창밖의 풍경이 시나브로 까맣게 변해가는 시간이었다. 샤워장에서 서너 명의 동기들과 샤워를 하고 있었다. 소대에서 막내인 동기 네 명은 방금 전 저녁 점호 준비를 마치느라 온몸이 땀으로 흥건했다. '동작 그만'하는 외마디 고함에 비누 거품을 뒤집어 쓴 일행은 얼어붙은 소금 기둥이 되었다. 떨어지던 낙엽도 멈춰 선다는 군대 선임의 '동작 그만' 이라는 한마디. 뒤집어 쓴 거품 사이로 게슴츠레 뜬 눈에 흐릿한 모습이 들어왔다. 몇 기수 위의 선임이 봉걸레 자루를 긴 칼 들고 서있는 이순신 장군 동상처럼 서 있었다.

잠시 적막이 흐르는가 싶더니 봉걸레 자루가 요동을 쳤다. 소금 기둥에서 거품이 튕겨 옆 기둥의 거품과 섞였다. 기둥의 등짝에 붉은 자국을 하나씩 긋고서. 어이없고 황당한 상황도 잠시, 다시 춤추듯 쏟아진 봉걸레 자루의 세례는 누군가의 머리 위에서 두 동강이 나며 춤을 멈췄다. 발가벗은 내 몸은 거품을 칠갑한 채 선임의 윗도리를 움켜잡고 목을 조르고 있었다. 느닷없는 소동에 적의감이 불탔다. 움켜잡은 손이 밀쳐지며 벌겋게 변색된 기둥 위로 몽둥이로 변한 걸레자루는 내 머리위에서 또 한 번 두 동강이 났다. 순간에 벌어진 일이지만 군대라는 조직에서 일어나서는 안 되는 상황이 연출되고 말았다. 원인을 떠나서 끔찍한 하극상이다. 불합리나 부조리가 합리적 이유를 뭉개는 특별한 조직에서 원인과 과정은 중요하지 않다. 마지막 표출된 결과만이 남는다.

소대의 최고 선임자로부터 허가를 받고 샤워장 출입을 했다는 것이 밝혀지고 그의 중재로 사건은 어정쩡하게 종료되었다. 허나 그날 이후 맞닥뜨리는 후유증은 졸병 생활을 마칠 때까지 깊고 짙게 따라붙었다. 샤워장에서 사건이 종료될 때까지 나를 포함한 동기 네 명은 알몸이었다. 비누거품은 물을 대지 않았는데도 말끔히 씻겨 있었다. 지금은 씁쓸한 웃음으로 넘길 수 있는 40여 년 전의 일화다.

세월이 흘렀다고 근본적인 것이 얼마나 바뀌었을까마는 그 곳에 다녀온 남자라면 상명하복만이 존재하는 군 조직의 생리를 알고 있을 것이다. 군대라는 조직에서 무탈하게 지내는 유일한 방법은 감정을 발뒤꿈치로 꾹꾹 누르며 지내야 함을 아는 사람은 다 안다. 사람이라면 당연히 가지는 소중한 감정들이 '까라면 까야' 하는 군 조직에서는 사치에 불과하다. 아니 내면의 감정적 사치를 조금이라도 내보려면 몸뚱이의 고단함 쯤은 감수할 각오를 해야 한다. 군에 다녀오더니 어른이 됐다는 말을 하곤 한다. 어쩌면 그것은 감정을 억누르거나 죽이는 기술을 습득했다는 말일 수도 있다. 억압되다 못해 박제가 되어버린 가엾은 정서 속에 웅크린 감정이다. 안쓰러운 허망한 감정들이다.

 우리는 무엇인가를 결정해야 할 때에 이성적 판단을 하라고 한다. 감정에 치우치지 말아야 올바른 결정을 할 수 있다는 말이 된다. 감정은 휘둘리기 쉽고 변덕스런 속성으로 이해되고, 이성적이란 말 속에는 합리적 방식이라는 개념을 내포하고 있다. 물론 일반적인 통념이 그러하다는 말이다.

 하지만 이성적 판단이 합리적일 수 있다는 것은 사건의 현재 상태를 감안하여 결정하는 것이다. 즉 현 상황의 심리상태는 감정으로 나타나며, 상황의 객관적 사실이 나에게 미치는 영향의 득과 실을 따져 얼굴이나 몸짓, 말로 표현되는 것이 감정이다. 이러한 논리로 볼 때 감정이 없는 이성적 판단은 일어나지 않는 것 아닐까? 감정이 없다면 삶의 희열도, 삶의 추억도, 설렘도 기쁨도 없다. 열거한 반대의 감정도 마찬가지이다. 감정이 움직여야 기쁨도 맛볼 수 있고 기억나는 추억도 있을 것이기 때문이다. 물론 좋은 것도 있고, 다시 들추고 싶지 않은 것도 있을 테다.

 군 생활 중 일화의 상황에서 내가 느낀 감정은 육신의 고통보다 앞서 모멸을 느끼는 감정이었다. 엄밀히 따져 치욕이나 수치심과는 구별되는 감정이다. 철학자 스피노자의 말을 빌려보면 '치욕이란 다른 사람으로부터 비난받는다고 생각되는 자신의 어떤 행동에 대한 관념에서 오는 슬픈 감정이다.' 라고 정의하였으니 내가 느낀 것이 치욕스런 일은 아닐 테다. 발가벗은 상태에서 이런 일이 벌어졌다고 수치심이라고 할 수도 없다. '치욕을 당하면 어쩌나 하는 공포심 또는 그런 것과 연관된 소심함에서 오는 것'이 수치심이라고 정의하고 있기 때문이다. 자신이 느끼는 것이지만 스스로도 확연하게 어떤 감정이 일어나고 있는지 모를 때가 있는 것이다.

가령, 감정을 표현하는 방법에 따라서 어른과 아이가 구분되어 진다면, 어른이라고 하는 우리 모두는 어린 아이보다도 더 어수룩한 어린아이에 불과하다. 어린아이들은 어른들 보다 자신의 감정 표현에 분명하다. 순결한 감정이다.

우리 대부분은 너무나 오랫동안 자신의 감정들을 부당하게 억압했고 표현하는데 인색했음을 안다. 감정을 드러내지 않는 삶에 너무 익숙해져 있는 것이다. 그것을 어른이 되어 간다고 한다. 과연 그럴까. 당신의 감정에 물어볼 일이다. 자신을 휘감는 감정들에 너무 야박하게 굴었고, 다루기에도 미숙했음을 자문해 볼 일이다.

당신은 지금 어떤 감정에 휩싸여 있는가. 혹 위선의 처세술로 가엾은 당신의 감정을 윽박지르고 있지는 않은지. 감정에게 물어볼 일이다.

그냥

내 몸 밖에서 일어나는 일을 나는 말하지 못한다. 알 수 없으니 말하여질 수 없고 말을 한다고 내가 알지 못하는 일이니 내 이야기가 될 수는 없다. 그렇다고 내 몸 안에서 일어나는 일이라고 다 알 수 있는 것은 아닐 터이니, 내가 말할 수 있는 것이란 보고, 겪고, 만져 말하여질 수 있는 한계에서 그저 주억거릴 뿐이다.

겪고, 보고, 만져 질감과 느낌을 다 알 수 있는 것도 아니다. 세상의 일이란 것이 질감과 느낌을 안다고 다 말이 되어 나오는 것은 아니어서 끝끝내 말하여 질 수 없는 것도 또한 있을 터다. 이럴 때, 말하여질 수 없는 것을 굳이 말하려고 하면 마음 한편의 덜 삭은 아픔은 고스란히 자기 연민으로 가슴에 쌓인다. 삭지 못한 아픔을 구석에라도 넣고 있을 때, 남아 있는 것들이 그나마 비틀대는 나를 지탱해주지 않나 하는 생각이 들곤 한다. 덜 삭은 아픔마저 다 토하고 나면, 나는 참으로 가난함을 느낄 것이다. 또 그리하고 나면 기진맥

진하여 가슴에 남아 버팀목이 되어주는 아름다움이 모두 소진되어 버리는 것 같아 가슴이 저려 오곤 하는 것이다. 이럴 때 내 삶과 글의 한계를 느낀다.

나는 충청도 한 도시의 변방 촌가에 살고 있다. 마당에는 잔디가 자라고, 가장자리에는 아니꼬운 텃밭에 푸성귀가 심겨져 있다. 겨울엔 눈이라도 내려 덮고 있으면 다행이지만 그렇잖으면 황량하기 그지없다. 넉살좋은 친구 K는 전원주택의 호사를 누리며 산다고 부러워하지만 그저 넉살일 뿐이라는 것을 나는 그냥 알 수 있다.

집 주변에 이런 저런 나무를 심어 놨더니 여러 종류의 새들이 날아와 놀다 간다. 나뭇잎 그늘이 제 취향에 맞아서 오는 건지, 나무의 열매나 기생하는 벌레가 제 입맛에 맞아 오는 건지 말해주지 않으니 난 이것조차도 알 수가 없다.

그들은 구월이 가는 길목에 다다르면 극성으로 울어댄다. 새벽에도 울고, 저녁노을이 질 때도 울고, 가끔 아직 식지 않은 태양을 등지고 대낮에도 운다. 울음소리는 집 안팎에 퍼지고 더러는 나뭇잎에 박힌다. 또 어떤 울음은 저물녘 앞산을 넘어가는 노을처럼 퍼진다. 밤이 깊어지며 울음소리는 잦아들고 새들은 이미 자취를 감췄다. 울던 새들은 울음소리와 함께 날아 간 건지, 울음소리만 보내놓고 몸은 어디에 뉘인 건지 새들을 찾을 수 없다. 새들이 먹고, 놀고, 웃고, 울고, 제멋대로 까불대다 어디로 날아가는지 알 수가 없다. 집안에서 새들이 살아가며 먹고 노는 것을 마치고 명을 다해 자연사한 것을 집안에서 한 번도 본 일이 없다. 그 많은 울음들이 한 번은 죽음을 맞이할 텐데 다들 어디로 가서 그 끝을 맞이하는지 알지 못한다. 노을에 정신을 잃어 그 속으로 모두 빨려 들어갔을 것이라고, 어린 날의 미숙한 유추는 그냥 그렇게 마무리됐었다.

마당의 잔디밭에는 온갖 벌레들이 산다. 그들의 이름도 잘 모르지만 몇몇의 이름을 안다한들 불러도 대답을 들어본 적은 없다. 벌레들이 울며 지껄이는 소리는 달뜬 마음을 가져다주기도 하는데, 혼자서 듣고 있는 자의 달뜬 기쁨은 그냥 쓸쓸한 기쁨이다.

구월이 가고 시월이 오면 그들 삶의 여정은 절정에 이르러 밤새도록 운다. 울다 그치고 쉬었다 또 우는 것인지 알 수는 없지만 각 자 제 양껏 울어대니 어느 것이 그쳤다 다시 우는 것인지 알 도리가 없다. 그냥 떼로 밤 새 운다. 시월이 다 가기 전까지.

시월이 지나가며 그들은 우는 것을 멈추고 모습도 사라진다. 소리도 모양도 문득 있다가 문득 모두 사라진다. 하지만 마당의 잔디밭에서 그들의 주검을 본 일이 없다. 움직이며 소리를 지르던 산 것의 생애가 '문득' 이라고 생각 될 때 그 삶은 얼마나 하찮은가. 그럴 때 언젠가 구겨 넣어진 덜 삭은 마음속의 것들이 꿈틀거리곤 한다. 재해를 일시에 당한 것이 아니라면 울다가 자연사를 했을 터인데 그들의 주검은 어디에서도 발견할 수 없다. 그들은 모두 어디로 갔는가. 바스락거리며 울고, 아주 사소한 몸짓으로 이쪽에서 저쪽 풀밭으로 옮겨 다니던 몸짓들은 시월에 다들 어디로 가는가. 내 삶은 누구에게 어떻게 기억될 것인가. 생애의 끝이 하찮은 사소함이라니.

그들에게도 한 생애가 있고 생로병사의 아픔을 겪는 과정이 있을 터인데 앓고 누워 있는 벌레를 본 일도 없고, 자신의 주검을 풀숲에 뉘인 벌레도 찾아볼 수 없다. 새들이 일시에 날아간 것처럼 그들도 사소함의 거대한 무리가 되어 어느 한 곳으로 쓸려간 걸까. 난 아무것도 알 수가 없다.

아니면, 애초에 그들은 바람이었을까. 여름을 지나 가을로 계절이 바뀌며 습습한 여름 바람이 부엌궁둥이에 감기며 끝을 맞이하듯, 새로 불어 온 바삭한 가을바람 소리 속으로 섞여 들어간 것일까. 난 이것도 알 수가 없다. 다만 마당의 풀밭에서 엄청나게 울어대던 무리가 어느 날 문득 바람이 불며 사라진 것으로 보아 그들의 주검은 바람 속에 있을 지도 모른다고 유년의 유추를 또 만지작댈 뿐이다.

마치 삶의 끝을 바람에 맡기는 꽃잎의 그 끝처럼, 그들도 생의 끝을 바람에 맡겼는지도 모른다. 그러기에 구월에서 시월로 부르는 바람은 내 몸에 감기지 않고, 쓸쓸히 스치고 지나갈 뿐이다. 어쨌든 그들의 죽음은 고요했고, 그들의 주검은 눈에 띄지 않았다.

  사람의 그 끝은 요란하다. 자신의 삶의 끝이 다른 어느 죽음에 비벼져 흔적 없이 사라지는 것을 원치 않는다. 지극히 개별적이며 계통을 드러내 그 끝을 못내 확인시킨다. 지금까지 보아온 거개의 사람이 그랬다.

  그러나 내 주변의 새들과 벌레들은 다르다. 그들은 그들의 끝을 가지런하게 하고 그 끝을 이내 보여주지 않는다. 어디선가 마지막으로 바스락거리며 생의 끝을 바람에 맡겼을는지 모른다. 어릴 적, 새들이 노을 속으로 빨려 들어갔다고 믿고 있던 것처럼 난 벌레들의 죽음도 바람을 끌어들였다고 그냥 믿고 있다.

  구월은 아직 덥다. 시월이 갈 때쯤 사람들은 따뜻한 곳으로 몸을 옮기고 더운 방안의 온기를 보태 살을 부비며 돈독함을 확인할 것이다. 그들의 사랑도 조금씩은 풍화되어 가지 않을까. 그러면서 그들은 울진 않고 그냥 쓸쓸해질 것이다.

  시월이 지나가는 사이에서 내 삶의 풍화과정도 벌레들의 그것처럼 가지런해지기를 바라는 날들이다. 그러다 눈이 내리면 그들의 죽음이 모두 하얗게 지워진 것처럼 내가 살며 걷던 발자국도 하얗게 될 것을 나는 그냥 믿는다.

그해 여름의 칸나

잊은 지 오래된 시간도 그 안에 풍경은 살아있다. 말하여질 수 없는 지나간 시간은 풍경으로 기억되는 모양이다. 그해 여름의 칸나가 내게 그러하다. 개들조차도 혀를 내밀며 기진해 있을 팔월의 태양, 그 아래서 칸나는 꽃을 피웠다.

누구에게나 자신의 삶에 지울 수 없고, 지워지지 않는 자국을 남긴 어느 지점의 풍경은 있게 마련이다. 그 시절 아무런 대본도 없이 자신의 본능이 연출하는 대로 끝나지 않을 것 같은 성글은 이야기를 꾸역꾸역 만들어가고 있었다. 삶의 혼돈 속에서 어제나 그제나, 맞닥뜨린 오늘이나 한지에 배어드는 먹물처럼 나의 생활은 예상치 않았던 무늬들만 만들어가고 있었다. 30여년이 훌쩍 넘어선 세월인데도 그 대책 없던 무늬는 빛도 바래지 않고 기억의 저편에 정물화 된 풍경으로 남아 오도카니 자리하고 있으니 말이다.

그해 여름은 덥고 비가 내렸다는 기억은 없다. 여름인데 어찌 빗줄기 한 줄금 없었으랴. 하지만 시원하게 내리는 비의 기억이 없다. 매일 후덥지근하고 계통 없이 날뛰는 상념은 20대 후반에 접어든 내 정서를 지배했다. 땅을 달구고 살아 있는 모든 것을 말라가게 했던 태양은 저녁이면 낮은 산에 누워있는 묘지를 적시며 눅눅해졌다. 여름 저녁의 공기는 물을 먹지 않고도 축축하고 무거웠다. 눅진해진 저녁은 노을에 물들었다. 노을은 마음에 박혀 색깔과 질감이 매일 달라졌다. 하지만 만질 수 없는 질감은 무질서한 젊음의 가슴에 박히고 더러는 어제의 그것에 포개졌다.

이웃에 위치해 있어 자주 찾는 학교 운동장 가장자리의 벤치 하나는 나의 시간과 당시의 정서가 포개진 곳이다. 많은 시간이 그곳에서 나를 훑으며 지나갔다. 들러붙은 듯 눌려진 시간은 나를 스칠 때 헐거워졌다. 그런 시간과 사위의 풍경이 만들어내는 휘어진 정서는 화단에 피어있는 칸나를 바라보고 있었다. 칸나는 한낮의 열기에도 주눅 들지 않고 대궁을 곧추 세운 채 발갛게 발기되어 어둑해지는 사위를 다스렸다. 노을이 힘을 잃어 갈 때쯤 칸나의 붉음은 대상없는 욕정을 발산하고 있는 것만 같았다.

색채의 과학적 논리를 말하자는 것은 아니지만 칸나의 꽃이 진빨강으로 보이는 것은 빨간색의 결핍이다. 우리 눈에 들어오는 색이란 것은 다가오는 빛 중에 반사되는 것이기에 칸나의 꽃은 빨간색을 갖지 못하는 빛의 결핍인 셈이다. 차마 당시의 날뛰는 정서를 그것에 투영하여 이리저리로 찍어 붙이고 싶지는 않다. 나의 결핍은 무엇인가하고 잠시 스치는 생각에 머물렀던 기억뿐이다.

산 그림자가 운동장을 덮을 때쯤, 베어진 풀에서 나는 비릿한 냄새가 여름 저녁의 궁색한 바람에 실려 지나갔다. 소꼴을 지게 소쿠리에 수북이 실은 고단한 삶 하나가 어둑해지는 마을 어귀에서 아내와 자식이 기다리는 집으로 가고 있는 것이 보이곤 했다.

결정된 그 아무것도 없었기에 놓인 길은 많았다. 길은 책 속에 있지도 않았고 끼적이는 노트 속에 있지도 않았다. 눈이 붉어지도록 비벼대며 새벽녘이 되어서야 간신히 한 장의 종이를 글로 채웠다. 아침노을이 퍼질 때 쯤 다시 읽어보면 관념의 늪에 빠져 허우적거리는 끈적끈적한 언어들, 그 시절 끼적이던 '시詩'라는 생물生物이 그랬다. 그것을 써놓고 또 한 나절을 눈만 끔뻑이며 앉아 있는 것이다. 다시 읽어보며 마음에 들지 않아 구겨 집어 던진다고 개도 안 물어갈 사물死物의 폐기다.

길은 늘 밖에 있었다. 대학을 졸업하고 대여섯 번의 언론사 시험, 더 많은 횟수의 신춘문예 응모, 함께 묻혀 버무려진 시간들이 거기에 눌어붙어 있었다. 안에 있을 거라 생각했던 길들도, 밖에 있는 많은 길들도 아득하기는 마찬가지여서 선뜻 들어설 길은 하나도 보이지 않았다. 어떤 길을 바라봐도 무엇 하나 집중되어 있지를 않았다. 그렇다고 하고 싶은 일이 많아서 마음이 이리저리 분산되고 있는 것도 아니었다. 모르기는 하되 흘러가고 있는 젊음의 어느 여울목에서 안쓰럽게 상처만 키워가고 있었던 거였다. 물론 훗날에 계통도 없고 무질서했지만 내 삶의 한 시대로 정의함은, 지나간 계절의 포개짐이 얇지만은 않은 까닭이기도 할 것이다.

내 앞에 길은 많다고 생각했다. 하지만 길이란 것이 원래 처음부터 임자가 정해진 것은 아니잖은가. 그렇다고 걸을 수 있을 것 같은 길을 다시 들여다보면 보이던 길은 다시 알 수가 없는 길이었다. 여름날의 농사일처럼 해도 해도 표시는 나지 않고 다만 지루하고 힘겨운 시간만을 안고 있었다. 지나간 시간을 지금으로 불러올 수 없다. 미래에서 다가오는 시간 역시 만질 수 없고 먼저 다가서 찌를 수 없다. 당시 맞닥뜨린 시간이 이제는 풀어져 헐겁고 흐릿하다. 그저 칸나를 바라보던 스물일곱의 대상없는 성욕은 칸나를 여성화 시켰지만 느닷없이 나타났다가 시간이 바스러지듯 무참하게 모습을 감췄다. 참으로 뜬금없고 허망한 욕심이다.

어쩌면 당시의 분산되어 명료해질 수 없는 정서는 견딜 수 없는 것들을 꾸역꾸역 밀어내고 있었는지도 모른다. 그 길을 갈 건지 말 건지, 또 걷기로 작정한 그 길이 내가 임자이긴 한 건지, 널뛰듯 하는 망설임의 순간에도 칸나를 바라보는 시간 속에 슬그머니 풀어버리고 있었다. 벤치에 앉아서 붉은 칸나를 대중없이 바라보고 있다고 해서 그 붉음을 가져와 새로운 의지를 불태운 것도 아님은 분명하다. 다만 그해 여름의 칸나를 바라보며 한껏 발기했던 붉음을 잃어 추레해져도 제 몸의 대궁에 붙어 있는 꽃잎을 보았다. 그해 여름에 내가 건진 가장 값진 풍경이다. 그 풍경을 새길 때에도 햇볕은 깊고 힘셌다. 지금도 그때의 풍경은 기막히다.

길은 생뚱맞은 곳에도 뻗어 있었다. 어느 날, 손때가 묻은 신학교 편입 원서를 구겨 휴지통에 넣었다. 서울행을 택하고 허리에 매달린 허망을 여름이 가며 풀어 놓았다. 그렇다고 홀가분한 기분은 아니어서 서울로 가는 버스 안은 무겁고 칙칙했다. 그해 여름은 칸나의 피고 짐과 발기와 시듦이 거듭되며 지나가고 있었다.

얼마 전 들른 모교인 초등학교 교정은 맑았다. 초가을로 접어든 운동장은 그해 여름의 그것처럼 까불대지 않았다. 밤새 내린 안개가 일찍 걷혔다. 가을로 들어선 풍경은 화단에서 내놓는 순하고 맑은 공기로 빈칸 없이 채워져 있었다. 잊었던 그곳에 칸나는 피어 있었다. 학생 수가 번성했던 시절의 십분의 일에 지나지 않지만 교사校舍며 화단은 그대로다. 마음속에 똬리를 틀고 있던, 붉음의 극한으로 치닫던 색도 그저 흔히 보는 붉은색이다. 한 쪽 대궁에는 붉음을, 옆 대궁에는 시들은 갈색을 함께 내놓고 있다. 대상없던 젊음의 욕정과도 같았던 붉음은 안으로 삭혀져 차분히 가라앉아 있었다.

긴 세월을 살았다고 할 수는 없겠지만 결코 짧지 않은 세월이다. 돌이켜 보면 가지 못한 길은 아깝고, 가지 않은 길은 아쉽다. 그러한 지나온 삶에서 이쪽을 택했든 저쪽을 택했든 내 삶은 어떻게든 이어져 왔을 것이다. 또 그렇게 지나오며 불혹의 나이를 거쳤을 것이고 지금처럼 이순의 나이를 넘었을 것이다. 순간순간 삶의 길이 달라지는 중요한 결정들이 있었겠지만 지나고 나서 보면 당시에 느꼈던 요동치던 정서는 그렇게 겁낼만한 것은 아니었던 것 같다. 젊은이들이 가야할 길이 좁고 험하다는 당시의 보편적 상황이 어찌 보면 무위도식으로 벤치에 앉아 칸나나 바라보고 앉아있는 나 자신에게는 전혀 위로가 되지 않았던 게 분명하다. 요동치는 정서보다는 그 대책 없는 적막이 무섭고 싫었다.

덥고 지루한 올 여름도 끝이 보인다. 지난해 늦가을 지인으로부터 얻어온 칸나 구근을 포대에 담아두고 겨울을 나게 했다. 올 봄 방 앞의 화단에 구근을 심었다. 대궁이 굵어지고 잎이 맘껏 자리를 넓히더니 보름 쯤 전부터 붉은 꽃잎이 올라오고 있다. 지난날 여름의 저 붉음은 어지간히도 진했다.

지나간 시간들이다. 돌이켜 부술 수 없다. 또한 다가올 시간도 먼저 가서 찌를 수 없다. 앞에 다가오면 스쳐 보내고 더러 만질 수 있으면 다행이다.

그해 여름의 칸나의 기억은 이제 멀고 흐리다. 다만 문방구 앞 게임기의 두더지 머리처럼 불쑥 튀어나왔다가 한 대

얻어맞고 움츠리곤 한다. 당시 빈곤한 내 정서의 드러남으로 두려웠던 기억도 지워졌다.

창문에 새겨 놓은 듯 피어 있는 내 안식처 앞의 붉음 옆에서 퇴색해가는 시간을 더듬어 본다. 시들어 갈색이 됐든 아니면 다른 어떤 색이 됐든, 나를 나이게 하는 구성물 중의 하나로 눌어붙어 말라가고 있는 칸나의 꽃잎을 바라본다.

길 위에서

　　　　　　　　　　길은 어디에든 있고 어디든지 간다. 땅에 길이 없으면 바닷길로 가고 그 길도 막히면 공중의 하늘을 날며 길을 만든다. 인간은 마치 길을 뚫기 위해 존재하는 것 같다. 사람만 길을 만드는 것은 아니다. 동물은 물론이고 땅바닥에 들러붙어 사는, 잘 보이지 않는 미물도 제 길을 만든다.

　길은 필요에 따라 생성되고 소멸한다. 길은 처음 걷는 자가 있다고 해서 그 사람이 그 길의 임자는 아니다. 누군가 그 길을 걷고 있다면 그 사람이 주인이다. 그렇다고 남이 만들어 놓은 길만 찾아다니다보면 임자가 없는 길에서도 주인 노릇을 한 번도 못 해본다. 주인이 정해져 있지 않은 길이라고 아무나 걸을 수 있는 것도 아니다.

　내가 살고 있는 촌가의 마을에서 시내를 나드는 길은 세 갈래다. 중고등학교 시절 만원 버스에 몸을 의탁해 등하교 하던 왕복2차선 길이 있다. 시내로 나가는 첫 번째 길이다. 자연 지형에 따라 구불구불하고 냇가라도 건너는 좁은 다리에 서는 한 쪽 방향의 차는 기다려야 했다.

  굽은 길이었기에 달리는 버스는 좌우로 심하게 요동 쳤다. 아침 등굣길마다 전쟁을 치르듯 하며 하루를 시작했다. 차 안은 여름이면 흰색과 푸른색, 동절기 교복으로 바뀌는 날은 온통 검정색뿐이었다. 요즘처럼 간절기의 옷이 따로 없었다. 하룻밤 사이에 문득 차 안의 색깔이 변했다. 사계절 푸른 상의를 입은 차장이 앞문과 뒷문을 지켜 서서, 떠남과 머무는 것이 통제되었다. 버스 벽을 두드리며 '오라이' '스톱' 단 두 마디로. 그럴 때마다 좌우로 요동치던 차안은 질서와 계통을 뭉개고 일렁거렸다.

  만원 차안이라고 고통만 느끼는 것은 아니다. 어느 날엔 여학생 사이에 끼어 꼼짝없는 성추행범 자세가 되기도 했는데 서로가 어쩔 도리가 없다는 걸 잘 안다. 못마땅해도, 다른 한쪽은 은근히 시간이 더 걸리기를 바랐는지 모르지만 정해진 시간에 정해진 목적지에 차는 도착했다. 어쩌다 여학생의 봉긋한 가슴에 손이 얹힌 자세가 되어버린 남학생 얼굴은 힘든 체 찡그렸지만 속마음도 그랬을까. 당시의 차 안에 있는 모두는 열일곱, 열여덟이었던 것을. 그 길을 이제는 한산한 시외버스가 느리게 다닌다.

  고통과 황홀이 공존하던 외길시대를 마감한 것은 대학에 입학하고 서너 달쯤 지나서였다. 읍내에서 시내로 나가는 4

차선 도로가 만들어졌다. 길이 막히지도, 차안이 혼잡하지도, 그래서 살이 닿지도 않았다. 넓고 직선으로 뚫어진 길은 편리함을 주고 열일곱의 가슴조리는 설렘은 4차선 왕복 도로 출현과 함께 흐려졌다.

그러다 몇 년이 지나고 나자 설렘만 뺏어갔을 뿐 길은 다시 막히기 시작했고, 어린 아이부터 노인에 이르기까지 뒤섞인 버스로 돌아왔다. 시 외곽으로 산업단지 등이 생기면서 출퇴근하는 노동자들이 늘어나고 자동차는 엄청나게 늘어났다. 버스 안이 심하게 붐비지 않아도 길은 막혔다. 자가용 승용차가 늘어난 것이 원인일 것이다. 사는 곳에서 읍내를 거쳐 시내로 나가는 자동차 전용도로 건설이 시작된 것은 그쯤이다.

시내로 나가는 세 번째 길이다. 그 길은 손과 손을 맞잡은 시내 외곽도로도 거미줄처럼 촘촘하게 길들은 일가친척이 되어갔다. 전용도로는 장거리를 오가는 직행버스야 다닐 수 있지만 전용도로를 달리는 대부분의 차들은 트럭이나 자가용이었다. 속도 제한이 있지만 무색하다. 이 길을 이용해서 출퇴근 한지 십여 년이 넘었다. 트럭 화물칸에는 돼지와 소가 어디론가 실려져 갔고, 소들도 큰 눈을 끔벅이며 생의 마지막 길인지 알지 못한 체 급히 달렸다. 차 안에만 동물이 있는 것은 아니다. 들판을 제 발로 뛰어 다니는 동물들도 그 길을 이용하고 싶어 했다.

차에 실려 전용도로를 급히 내달리는 가축들은 사람들의 육신을 보시하기 위해 죽으러 가는 길이다. 하지만 길 위에 걸어가는 많은 동물들은 살기 위해 제집을 찾아가든지, 집을 옮기는 과정이다. 그도 아니면 어린 새끼들과 함께 먹을 저녁거리를 구하러 길을 나섰는지도 모른다. 모두 제 볼 일로 바쁘다. 오소리, 너구리, 들고양이, 때로는 공중을 나는 까마귀, 까치, 멧비둘기들도 길 위에서 만난다. 그뿐일까. 어쩔 수 없이 바닥을 기어가야 하는 두꺼비, 개구리, 뱀도 있고, 부족 간의 대이동이 있는지 군인들 행군하듯 이열 종대 대형을 유지하며 바삐 어디로 가고 있다. 그들은 모두 어디로 가고 있는가. 인간이 만들어 놓은 저 무시무시한 아스팔트 사막을 횡단하여 어디로 가고 있는가. 가족과 자신의 목숨을 담보로.

청소년 시절 하나밖에 없었던 구불구불한 일차선 도로에서는 못 보던 일이 자꾸만 생겨났다. 두 번째 길이 생기고서도 어쩌다 볼 수 있는 광경이었다. 하지만 4차선 전용도로가 생기고 나서부터는 흔한 풍경이 되고 말았다. 첫 번째 도로나 두 번째 도로는 그들의 땅을 최소한으로 침범하고자 길을 구부렸고, 돌아서 갔다. 처음부터 사람만의 땅은 아니었으니 나누어 쓰고자 그들에게 양해를 구하고 최소화 했을까. 아니면 개구리 두꺼비, 고라니 오소리가 모여 의견을 나누는 수렴절차라도 있었던 건 아닌지.

전용도로 건설은 다르다. 일직선이다. 걸리는 것은 모두 뚫고 자르고 퍼냈다. 높이가 낮으면 다릿발을 세워 높이를 맞췄다. 고라니가, 개구리가 고개를 들어도 그 끝이 보이지 않으니 그들은 끝을 말할 수 없다. 보이지 않는 그 끝은 그들 삶의 끝이다. 도로를 따라 끝까지 걸어간들 저쪽 가족이 있는 곳으로 건너갈 수 있는 방법이 없다. 도로 가운데에 서있는 중앙의 분리대는 감히 넘어설 수 없는 철옹성이다.

사실 여기는 고라니의 길이었다. 오소리의 길이고 두꺼비 개구리의 길이었다. 길이란 것이 정해진 임자는 없다. 하지만 고라니가 처음 만든 길을 사람도 쓰고자한다면 고라니가 다닐 수 있는 길은 남겨뒀어야지, 어쩌자고 자르고, 뚫고, 막고 높은 벽을 세웠는가. 고라니 마을은, 오소리 가족은, 개구리 부족은 울기만 할 뿐 인간에 저항할 힘이 없다. 저항을 한들 들어줄 이도 없다.

전용도로를 차로 달리며 출근하는 길이다. 이젠 크게 놀라지도 않을 풍경과 마주한다. 고라니 한 마리가 경계석을 베고 뒷다리가 접힌 채 누워있다. 선홍색 피가 경계석과 갓길 사이를 흐른다. 피는 곧 마를 것이다. 차들은 그 위를 아무렇지도 않게 달려 제 목적지로 갈 것이다. 트럭에 실려 생을 마감할 어느 장소에 도착했을 돼지 무리처럼, 생각 없이 목적지만 가면 되는 것인지. 살 곳을 찾아 길 위에 선 모든 것들은 그것이 궁금하다. 길 위에서, 어디로 가야 살 길인가.

고구마

그 시절에는 그랬다. 넓은 밭에 연푸른색 넝쿨이 한 가득이다. 바람에 일렁이는 고구마 잎은 연초록 감도는 잔잔한 호수 같기도 하고 푸른색 광목이 펄렁이는 것처럼 비추인다. 무서리가 내리는 가을이 익어가며 가을걷이가 한창이다. 그 중 큰 일 하나가 넓은 밭 가득한 고구마를 캐서 집으로 들이는 일이었다. '부지깽이도 덤벙댈' 만큼 바쁜 시골의 가을날은 어린 내 손까지 보태야했다.

낫으로 줄기를 걷어 낸다. 어른들은 한 고랑씩 차지하고 고구마를 캤다. 윗방의 구석엔 수수깡으로 엮은 둥근 저장소가 마련 됐다. 지게나 바구니를 타고 야트막한 언덕을 넘어 온 고구마들은 추운 겨울을 보낼 제 집안에 궁둥이를 디밀고 앉는다. 한겨울을 지내며 가족들 반양식의 자리를 차지하고 이른 봄이 올 때까지 차례를 기다린다. 고구마가 가장 의기양양하게 귀한 대접을 받는 것은 웃음꽃 피는 가족들 앞에 놓였을 때이리라. 군고구마나 삶은 고구마로 변신해서 말이다.

겨울철 반양식의 자리에서 밀려나기는 했지만 요즘도 간식으로 다이어트 식품으로 요긴하게 대접 받는 것은 마찬가지인 것 같다. 지난해도 심어놓은 싹이 실하게 번지며 두어 자루가 넘게 수확을 할 수 있었다. 굵은 놈을 아래쪽에 작은 놈을 위쪽에 부대의 아귀까지 담아 방 한 구석에 놓아두었다.

　얼마 전의 일이다. 방안에서 쾌쾌한 냄새가 난다고 아내가 성화였다. 봄은 아직 일러 창문을 여니 찬바람이 낯설었다. 묵은 옷을 털어보고 가구 구석을 걸레질 했다. 냄새가 잡히지 않았다. 욕실까지 때 아닌 묵은 때 벗기기 공사가 벌어졌다. 급기야 군에서 냄새 퇴치에 특효약(?)으로 배운 치약을 풀어 바닥을 닦아냈다. 모두 허사였다. 냄새의 근원을 찾을 수 없었다. 한동안의 소란 끝에 바람을 따라간 곳에서 발원지를 만날 수 있었다.

　고구마 자루를 거꾸로 돌려보았다. 자루의 아래쪽 찢어진 틈새로 연초록 잎이 삐져나와 있었다. 고구마는 보이지 않았다. 자루를 뒤집어 모두 쏟아냈다. 아뿔싸, 방이 너무 더워 고구마가 썩어가고 있었다. 냄새를 내고 제 모양을 잃어 가고 있었다. 그런데 반 쯤 썩어 가는 고구마에서 연초록의 새 잎이 새어 나오는 거였다. 동물이 새끼를 낳는 생명의 신비에 견줘 하찮게 보이지 않는다. 저 악취 나고 뭉개진 생물 속에서 저리도 아름다운 새 잎을 피우다니. 썩지 않은 것들은 제 모양을 간직한 채 덩그마니 있었다. 썩지 못해 미안한 듯 머쓱한 표정으로.

연초록 새싹은 썩어가며 냄새나는 고구마에서 나왔다. 썩어지는 과정을 통해 새롭게 태어나는 과정을 밟고 있는 것이다. 한 알의 씨앗이 썩지 않으면 제 혼자 있을 뿐 이지만 자신이 썩어짐으로 또 다른 생명을 시작 하는 것이다. 한 몸에서 한 쪽은 썩어져서 죽음을 맞이하고, 다른 한 쪽은 새 생명으로 태어나는 거였다. 한 발 더 디뎌 생각해 보면 삶과 죽음은 서로 극과 극의 별개의 삶의 방식이 아닌듯하다. 그것은 어떤 면에서 시작과 끝이 아니고 동전의 한 쪽 면과 그 이면의 관계처럼 존재 하는 건 아닐까. 끝이 결정 난 다음에 새로운 시작이 오는 것이 아니고 시작인 것의 그 과정 안에 끝이 있고 끝이 보일 때쯤 새로운 시작이 있는 것이다.

살며 사랑하며 많은 날들 앞에서 가슴앓이로 아리어 했다. 때로는 격정에 불면의 밤을 보냈고 놓아야 끝인 줄 알면서 미련함이 눈을 가렸었다. 우정과 사랑 사이의 간극을 좁히지 못하여 아파했던 것이 그렇고, 밥벌이의 지겨움 속에서 뛰쳐나가고 싶어 진을 뺄 때도 처음과 끝은 모호했다. 그 끝을 보고 나서 새로운 시작을 하고자 시름겨웠다. 부질없는 짓이었다. 모든 생물의 삶과 죽음이 표면과 이면의 차이 인 것처럼, 모든 시작과 끝이 겉과 또 그 너머의 겉인 것을.

냄새 소동을 치룬지 며칠 지나 연두색 이파리는 보랏빛을

띄었다. 연한 줄기 하나가 창 틈새 바람에 흔들린다. 힘겨운 자루 속에서의 생활을 시원하게 벗어났다는 듯이 새로운 시작을 하고 있었다. 또 다른 삶의 시작인 것이다.

손님이 짜다면 짜다

도심에서 조금 벗어난 곳에 어죽집이 하나 있었다. 차로 십 여분의 거리에 있어 가끔 그 곳에 들르곤 했다. 비라도 내리는 날이면 괜스레 막걸리 한 잔 생각이 나서 어죽과 함께 '도리 뱅뱅' 이라 부르는 음식을 즐기곤 했다. 작은 물고기들이 손을 맞잡고 강강술래 놀이라도 하는 듯, 붉은 옷을 몸에 두르고 빙 둘러 앉은 모습이다.

옛 한옥을 개조해 식당으로 사용하는 곳이었다. 주인의 취향에 따른 실내장식이겠지만 내 집에 들어온 듯 아늑하고 운치가 있어 좋았다. 주차장으로 쓰이는 넓은 마당도 옛 고향집 같다. 마당 주변으로 울타리를 대신한 꽃나무들이 계절 따라 꽃을 피워냈다. 식사를 마치고도 고향집 떠나 객지로 돌아가기라도 하듯 선뜻 떠나지 못하고 마당을 서성거리곤 했다. 봄날 라일락이라도 꽃을 피우는 때면 주변의 풍경과 향기는 일품이었다.

현관에 들어서면 대청마루로 쓰던 곳을 개조해 넓은 홀이 있고 홀에 잇닿아 몇 개의 크고 작은 방들이 있다. 홀 정면 벽에는 십자가에 못 박혀 벽에 박힌 깡마른 예수상이 있고, 아래쪽엔 '손님이 짜다면 짜다.'라고 쓰인 액자가 있었다. 글씨체의 품격이야 나도 잘 모르니 그렇다 치고, 어쨌든 나는 이 문구가 마음에 들었다. 그것은 이 문구의 뜻에 합당한 주인의 행동 때문이다. 흔히 '손님은 왕이다'와 같은 의례적이고 상투적 상술의 표현하고는 뭔가 좀 다른 게 있는 것 같아서다. 들르는 횟수가 잦아지며 주인과 눈인사라도 하게 되면서 서로 '다름'을 인정할 줄 아는 주인의 주관을 알게 되었다.

여러 식당을 다니다보면 내 입맛에는 매운데 주인에게 맵다 하면 '그까짓 게 뭐가 매우냐', '다른 손님들은 맵다 하지 않는다.'는 핀잔을 들을 때가 있다. 짠맛도 마찬가지다. 그럴 때 왜 내 입맛을 다른 사람과 맞춰야 되는 건지 의아심이 생기고 은근히 부아가 난다. 그런데 이 어죽집 주인의 대꾸는 전혀 다르다. '약간 싱겁게 드시는 군요', 하며 따뜻한 육수를 부어주고 한 술 먼저 떠 간을 보며 손님과 눈을 맞췄다.

우리말의 '틀리다'와 '다르다'는 그래서 다르다. 다른 사람한테는 짜지 않을는지 모르지만 내 입맛에 짠 건 짠 거다. 음식 맛과 간이 '옳다'와 '틀리다'의 문제는 아니다. 모든 사람 입맛이 다 같을 수는 없다. 어디 입맛 뿐일까. 세상사의 대부분은 서로 다르게 느끼며 산다. '틀리다'는 것은 단 하나의 표준만이 용납될 때 틀렸다고 한다.

도시개발이 문제였는지 언젠가 어죽집이 사라졌다. 어죽한 그릇에도 나름의 철학이 배어 있는 주인은 그 액자를 어느 곳에 걸어 놓고 장사를 할까 가끔 궁금하다.

틀림과 다름을 구별할 줄 알던 수더분한 주인의 투박한 글이 눈에 남는다.

"손님이 짜다면 짜다."

복실이

'우리 집은 개 농사가 안 되는 집.'이라고 하시는 어머니 말씀을 여러 번 들었다. 그리 말씀하시면서도 마을의 누구네 집에서 강아지를 주면 안고 오셔서 정성껏 키우신다. 대가 없이 주니까 받아오는 잡종견, 이른바 똥강아지들이다. 생명이 있는 모든 새끼들이 그러하듯 족보가 있는 품위 있는 개든, 어린 아이의 김이 모락모락 나는 똥을 한 끼 식사로 맛있게 먹는 똥강아지도 복슬복슬한 것이 여간 곰살갑지가 않다.

우리 집에 와서 한 식구가 되는 강아지들은 귀한 이름을 얻지 못했다. 검둥이, 흰둥이, 누렁이, 점박이, 털이 많다 싶으면 그저 복실이라 불렀다.

몇 해 전 어느 봄날이지 싶다. 털이 복슬복슬한 놈이 어머니의 품에 안겨 들어와 복실이라 이름을 얻은 강아지는 그저 그렇게 우리 집 식구가 되었다. 무심한 것이 제 어미의 품을 떠났으면 따스한 그 품속이 그리워 깨갱거리고 밥도 좀 거르고 해야 측은한 마음이 들 터인데 이놈은 어찌 된 일인지 먹성이 돼지 꼴이다. 주는 대로 밥그릇에 머리를 쑤셔 넣고 맛있어 죽겠다는 듯 앙앙 소리를 입가로 흘리며 단박에 먹이를 요절냈다. 내버려 두면 밥그릇까지 먹어치울 기세다. 먹는 모양새가 하도 귀여워 한 그릇 더 주면 며칠 굶은 놈 모양으로 게걸스럽게 먹어 댔다. '그만 먹이 거라. 안짱다리 될라', 하시는 말씀만 아니었어도 그 앙증맞은 모습을 보기 위해 복실이는 일찌감치 앞발이 돌아가는 불구를 면하지 못했을 것이다.

밥을 다 먹고 나면 복실이는 바닥에 벌렁 누웠다. 그 모양새도 우스운 것이 배가 너무 불러 옆으로 눕지 못하고 사람처럼 배를 위로 한 채 반듯하게 누웠다. 맹꽁이처럼 부풀어 올라온 배통이 귀여워 배를 쓸어주면 배아래 쪽의 분홍 고추를 뾰족이 내밀어 우리 모자를 민망하게 만들었다. '그 놈 사내 아니랄까봐', 하시며 눈 둘 곳이 마땅찮은 어머니는 돌아 서시고는 했다. 식구가 된지 달 포 쯤 지나며 복실이는 살도 더 오르고 부스스하던 털은 함초롬히 가라 앉아 제법 개 모양새가 났다. 말을 알아듣는 것인지 알 수는 없으나 손을 내밀며 '왼 발'하면 왼쪽 것이든 오른쪽 것이든 앞발 하나를 손바닥 위에 올려놓았다. 복실이가 탈이 생긴 것은 이 무렵이다.

이틀째 먹는 게 시원치 않고 물똥을 싼다는 것이 지켜보신 어머니의 의무소견이다. 복실이는 이틀 사이 꺼칠해져 있었다. 발을 달라고 손을 내어 밀어도 시큰둥하니 돌아섰다. 바라보기 민망케 하던 고추도 바람 빠진 풍선 모양새다. 주사를 몇 차례 맞혀 보았지만 소용이 없었다. 그래도 시간이 지나면 좀 나아지겠지 했는데, 거기까지였다.

복실이는 가쁜 숨을 몰아쉬었다. 경련을 일으키며 사지를 흔들어 댔다. 가쁜 숨소리는 간간이 길게 내쉬었다. 목덜미를 불룩이며 맥박이 요동치고 긴 하품을 쏟아냈다. 턱이 떨리기 시작하더니 뱃가죽에 힘줄이 돋으며 오줌이 찔끔 나오고 이내 물똥을 쌌다. 온 사지를 파르르 떨더니 툭하고 바닥에 내려놓는다. 목덜미의 맥박 뛰던 모양이 털 속으로 감춰지며 보이지 않았다. 복실이의 죽음을 지켜 본 기억이다.

아버지와 작은 아버지 그리고 아직 푸름도 가시지 않은 형의 임종을 옆자리에서 지켜 내야했다. 가까운 지인들의 마지막을 지척에서 지켜보기도 했다. 생명의 존엄성에 크고 작음을 말하는 것이 아니다. 내가 지켜 내야했던 피붙이들의 임종과 동물인 복실이의 죽음을 연관 지어 본다면 지나친 비약일까. 한 생명체의 마지막 사위어 가는 모습은 극에 달하는 고통을 인내하며 맞이해야 하는 지엄한 의례였다.

모든 살아 있는 것의 끝은 지극히 개별적으로 겪게 마련이다. 복실이가 한낱 동물이라고 고통이 덜하지는 아니했을 것이다. 그도 고통을 이기지 못하고 똥을 싸며 마지막을 맞았다. 사람, 동물이 그러하다면 가을 하늘을 날던 고추잠자리의 마지막은 어떠했을까. 비 내리는 날, 아스팔트 위의 개구리의 죽음은. 여름을 달구던 매미의 끝은. 모두 죽을 만큼 아파하다 죽었을 것이다.

  모든 살아있는 생명체는 언젠가는 죽는다. 살아 있다는 것은 한번은 세상에 태어났다는 것이고 죽음을 전제로 하는 것이다. 우주의 원리이든, 그것이 창조론에 근거한 것이든, 진화론에 근거를 했든 맞이해야 할 의례이다. 언제쯤 올 것이라 가늠 할 수 없고 손으로 만져 질 수 없는 영역이기에 더욱 숭고하다.

  모든 생명체가 존엄하고 살아있음에 존재의 지엄함을 복실이는 내게 말하며 끝을 보인 것 같다.

4부

풍장風葬

풍장風葬
꽃신
내가 글을 쓴다는 것은
색깔과 빛깔
시간이 머문다는 것은
처음 가보는 길 위에서
두 아들에게 보내는 편지
수필산을 따라 오르며

풍장風葬

바람이 봄 꽃잎들을 데려가 흙에 재운다. 더러는 바람을 기다리지 않고 스스로 흙과 포개지기도 한다. 꽃잎이 그들 삶의 끝을 바람에 맡길 때, 꽃잎은 생의 절정을 맞는다. 장엄하되 소란하지 않고 기시감既視感이 들되 늘 새롭다. 바람에 꽃잎이 지는, 생애의 끝이 절정이라니 무슨 역설인가. 찬란한 꽃잎의 죽음 의식, 풍장風葬이다.

매화나 벚꽃은 생의 끝을 바람에 맡긴다. 가지에 붙어 있다가 자신의 몸에 남은 마지막 온기를 바람에 실려 흙으로 돌아가는 것이다. 낙엽도 때가 되면 흙으로 돌아가지만 꽃잎의 처연한 느낌과는 사뭇 다르다. 꽃잎 곁을 스치는 요란하지 않은 바람소리는 차라리 처연한 만가輓歌로 들린다. 이때 꽃잎은 데려가 줄 바람을 순하게 맞이한다. 순간의 이런 풍경의 끝은 여리고 애달프다. 이화梨花도 그러하고 연분홍 도화桃花가 그러하다. 꽃잎 한 개 한 개가 개별적으로 바람에 실려 산화散華한다. 이파리도 없는 가지에 잠시 붙어 있다가, 바람에 실려 공중에서 사선을 긋는 동안이 매화나 벚꽃처럼 개별적 죽음을 맞는 꽃잎의 절정이다. 그래서 그들의 끝은 애달프나 순결하다.

꽃잎은 잘게 쪼개져서 분산된다. 쪼개진 꽃잎은 절정의 아름다움으로 잠시 날아가지만 소란 떨지 않고, 같이 피어난 누구를 부르려고 까불대지 않는다. 다만 바람에 감기어 흙에 포개진다. 흙에 눕기 전에 잠깐 흙을 쓰다듬는다.

이렇게 꽃잎이 질 때, 나는 누군가를 불러내고 싶은 충동을 느낄 때가 있다. 하지만 이럴 땐 차라리 혼자서 외로움을 즐기는 것이 좋을 듯하다. 살아있는 모든 삶의 끝은 외롭다. 그렇다고 슬픈 외로움만은 아니다. 끼적인 졸시「꽃잎 질 때」에서 나는 이렇게 노래했다.

> 가끔 저 지는 꽃잎을 보며/ 누구와 함께 봤으면 좋겠다 싶을 때가 있다//가끔은 바람에 떨어져 날리는 꽃잎 땜에/ 손끝이 떨려 누굴 불러내고 싶을 때가 있다// 중략// 바람이 꽃잎 되고 꽃잎이 바람이었단 걸/ 맨 살이 알아버렸을 때/ 불러낸 누굴 돌려보낸 것이 참 잘한 일이라고/ 생각할 때가 있다//

바람에 지는 꽃잎과 나만이 홀로일 때, 그런 홀로임이 깊은 황홀감에 빠질 때를 한 시인은 자신의 사전에만 기록된 '홀로움'이란 말을 썼다지만 그 시인과 나의 느낌이 같은 것인지 나는 아직 모른다.

　봄의 꽃잎들이 모두 바람을 기다려 마지막을 준비하는 것은 아니다. 동백이 그러하고 목련이 그렇다.

　동백은 가늘게 불어오는 봄바람을 개의치 않는다. 자신의 무게만을 의식한 채 기다릴 뿐이다. 한 송이 한 송이가 지극히 개별적이어서, 개별적으로 피어나고 개별적으로 땅에 누울 시간을 정한다. 마지막임을 알릴 때도 그들은 혼자여서 옆의 것과 두런거리지 않고 주접스런 몸짓 따위는 보여주지 않는다. 그냥 있다가 문득 진다.

　운 좋게도 처가가 이 땅의 남도에 자리하고 있어, 이른 봄날이면 눈치 볼 일 없이 남도를 여행하며 이런 풍경을 만날 수 있다. 여행길에서 온통 붉게 멍든 동백을 마주한다. 홀로 피어 있는 동백도 아름답지만, 동백은 역시 군락을 이룬 무리가 절경이다. 모두가 '기다림에 지쳐서 빨갛게 멍든' 자국들인가.

　바람도 없는 날, 동백의 무수한 무리 앞에 서본다. 벼랑으로 떨어지듯, 느닷없이 아래로 향한다. 길을 잃고 두려움에 울지도 못하던 아이가, 저만치서 달려오는 엄마를 문득 발견하고 후드득 흘리는 눈물처럼 뚝 떨어져 버린다. 문득 있었던 것이 순간 문득 없어진다. 이 땅의 남도에 자리하고 있다가 명멸한 백제의 마지막처럼, 벼랑으로 떨어지듯 하는 것이다. 어느 핸가 제주도의 해안가에서 만난 동백의 무리 앞에서, 뜬금없이 제주도에서 있었던 옛 사건이 떠오른 것도 동백꽃이 지는 이미지와 무관하지 않을 것이다. 그 해 사월에도 까닭 없이 스러져간 덧없는 민초들의 죽음처럼 동백은 지고 있었을까. 동백꽃의 짐은 차마 소리 낼 수 없는 고통이고 비애에 가깝다.

목련의 꽃잎이 떨어짐은 동백의 그것과 같은 듯 다르다. 꽃잎이 존재의 중량감은 같을지 모르나 그들의 끝은 전혀 다르다. 목련은 동백처럼 문득 떨어지지 않는다. 백목련의 꽃잎이 시들어갈 때면, 마치 궁색한 집안 대주의 무명 저고리를 닮아 있다. 누렇게 변색되어도 나뭇가지에서 떨어지지 않는다. 웬만한 바람에도 지지 않고 제 몸의 무게만으로 지기를 고집한다. 그들은 풍장을 거부한다. 자목련의 끝은 더 추레하다. 꽃잎의 겉과 속이 다른 색깔인지라, 시들어가며 처진 꽃잎은, 손님 발길 뜸해진 늙은 무당 집 앞의 색 바랜 깃발처럼 펄럭이며 냉큼 떨어지지 않는다. 든적스런 몸짓이다. 참으로 느리고 무거운 죽음이다.

우리의 삶이 아름다운 것은 그 끝에 죽음이 있기 때문은 아닐는지 생각해 보곤 한다. 문득 지는 것은 아쉽고, 추레한 모습으로 오래 버티는 것은 추하다. 꽃이 늘 나뭇가지에 매달려 있다면 우리는 굳이 꽃을 보러 나들이를 하거나, 아름다움에 감탄하지 않을 것이다. 더구나 말라가는 목련의 꽃잎처럼 끝이 너절함으로 남아 있다면.

풍장風葬

매화나 벚꽃의 꽃잎이든, 또 동백이나 목련의 꽃잎이든, 그것들이 나고 죽는 흐름은 인생의 그것이나 별반 다름은 없으리라. 매화나 벚꽃과는 서로 다른 모습으로 생애의 끝을 맞이하는 동백이나 목련도 그와 닮은 인생이 왜 없으랴. 한때의 영화榮華도 때가 되면 스러지게 마련이다. 여느 나라든 그랬고 앞선 모든 인생들의 삶이 그러했다.

　잡고 있던 가지를 놓으며, 바람이 데려갈 때를 아는 가루 같은 저 꽃잎들이 순하게 풍장에 순응함을 바라보는 봄날의 하루가 간다.

　내 삶의 끝이 순장을 맞는 꽃잎처럼 가지런하고 순하게 날렸으면 좋겠다.

꽃신

　　　　　　　　　　버려진 마당에 망초가 무성하다. 주인 내외의 순결한 노동의 대가는 창고를 채우고 망초 핀 마당에도 쌓여 있었다. 마당 한편의 갈라진 틈에서 엉겅퀴가 몸집을 불리며 제 키를 자랑한다. 풀들이 자리다툼을 하고 있는 곳이 옛 집의 부엌궁둥이가 있던 자리다. 그곳에서 자루를 풀어 곡식을 덜어내 맏딸의 손에 쥐어주곤 하던 모습이 생생하다. 뒷산 대숲에서 바람과 섞인 댓잎이 소리를 낸다. 겹쳐진 풍경들은 오래된 꿈을 기억해내듯 멀고 흐리다.

　처가는 남도의 함평이다. 신혼 초, 서울 생활의 시작은 승산 없는 분발이라 판단되면서 담보된 젊음은 하루하루 바스라지고 있었다. 첫 단추가 잘못 꿰어진 젊은 날의 자맥질은 도시의 거리에 맥없이 가라앉고 있었다. 먼 길이기도 했지만 궁색함이 표시 날까봐 대면조차 꺼렸다는 것이 오른 말이 될 것이다. 이 점이 지금까지 아내에게 미안하다. 처가에 내려가기란 그 옛날 신라에서 백제 땅을 밟는 것만큼이나 멀고 아득했다.

　애가 태어나며 처가에 자주 가지 못하는 이유는 보태져, 연중계획이라도 잡아야했다. 옛 시절처럼 타고 갈 수 있는 말 한필이 내게 있는 것도 아니고, 길거리에 늘어가는 마이카시대도 내 시대는 아직 아니었다. 승산 없는 날들의 부침도 한 몫 했지만 거리가 워낙 멀다. 아침을 먹고 출발해 처가에 당도하면 뒷산의 대숲 사이로 노을이 번지고 있었다.

　결혼 전 처가를 처음 찾던 날, 마을 회관 앞 동백은 '기다림에 지쳐' 뚝 떨어지고 하루해는 길었다. 두 어른께 절을 드리고 난 후, 장모님이 내게 한 첫 마디는 '좋게 앉으소.' 라는 말이었다. 내겐 불통이다. 익숙한 '편히 앉아라'는 말과 어감이 영 다르게 들렸다. 아내의 통역으로 자리를 고쳐 앉을 때쯤엔 짱짱하던 무릎과 발이 감각을 잃은 뒤였다.

　동네 앞으로 큰 냇가가 흐른다. 산도 귀하고 물도 귀한 내 고향의 풍경과는 사뭇 다른 남도 풍경이다. 거기에다 오가는 말이 자꾸 막히니 여기가 남쪽 나라 땅인가 보다 하는 생각이 들곤 했다. 말뜻을 얼른 알아채지 못하고 뭐 싼 놈처럼 허둥댈 때, 아내와 처제들이 통역에 나섰다. 말과 말은 맞섰고 말에 넘어서지 못 할 낯섦이 숨어있는 듯했다.

　마을 앞 강물은 늘 흘러 어디론가 갔다. 우리를 두르고 있는 시간도 어딘가로 흘러가 묻혔다. 내 가족도 늘어 마이카가 된 뒷좌석엔 두 아들이 차지했다. 고속도로를 바꿔가며 막힘없이 남도를 향해 달릴 때, 길옆 꽃들은 계절을 바꿔가며 시간을 늘려갔다. 그러는 사이 처가의 형제들도 모두 짝을 만나 고향을 떠났다.

처가 마을 앞 동백이 어느 날 문득 떨어지는 것을 본 듯, 어느 땐가부터 느닷없이 두 분 삶에 역주행이 시작됐다. 집안 대주의 흐려져 가는 시간을 다시 채색할 수 없어 자식들은 애가 탔고, 장모님의 성치 못한 무릎을 건사하기 위한 애달픔은 깊고 눈물겨운 시작이었다.

무릎에서 시작된 통증은 허리를 끌어당겨 고통은 온 몸으로 한지에 먹물 번지듯 퍼져 나갔다. 수술 하고, 재활훈련하고 또 수술해야 하는 끝이 보이지 않는 터널에 갇히고 말았다. 조금 나아지나 싶다가 얼마간 시간이 지나면 더 악화되기가 일쑤였다. 자식들이야 재활훈련이 치료의 8할이라며 제 어미가 열심을 내지 않는다고 성화지만, 당신의 육신인데 오죽하랴. 서로가 야속하기만 할 뿐이었다.

맏딸인 아내의 타는 속을 모를 리 없지만, 그렇다고 뭐 뾰족한 수가 낸들 있겠는가. 집으로 모셔와 얼마간 있으며 여기저기 수소문 끝에 청주에서 무릎 수술만큼은 뛰어나다는 병원에서 재차 수술을 받게 됐다. 허나 이번에도 의술의 신은 우리 편에 서 있지 않았다. 퇴근하면 지친 몸으로 제 어미 곁으로 가 병간호를 해야 하는 일은 직접 하는 이나 바라보는 이나 편할 리 없다. 집엔 어머니가 누워 계셨다. 장모님껜

죄송했다. 견딜 수 없는 것을 견뎌내야 하는 날들을 받아내고 계셨다.

어느 날, 신발을 신겨 드리는데 퉁퉁 부어오른 발등은 슬리퍼 들어가는 것조차 거부했다. 나는 그때 장모님의 발을 처음 만져 보았다. 재활치료실에서 막무가내기로 운동을 시키려는 간호사에게, 발을 들어 보이며 '이런 코끼리 발로 운동은 뭔 운동이냐.'고 소리치다 간호사에게 쫓겨나고 말았다. 가족들이 환자의 재활을 고통스러운 것으로만 역성 들면 치료는 더 늦어질 뿐이라고 간호사는 쌀쌀맞게 말했다. 병문안을 오는 자식이나 지인들도 모두 운동, 운동 얘기뿐이었다. 장모님은 그 소리를 가장 듣기 싫어했던 것 같다. 그래도 자식의 말을 따라가지 못하는 응어리진 당신 가슴에 못을 박는 말은 끝내 하지 말았어야 했는데.

"어머니, 운동 안하면 살아생전에는 못 걸을 테니 알아서 하셔요."

살아생전엔 못 걷다니, 그러면 죽어서는 걸을 수 있다는 말인가. 운동해야만 살 수 있다는 무섭고 지겨운 말 대신, 병원 울타리 넝쿨장미를 보러 가자는 말은 왜 못했을까. 병원에서도 별 수가 없으니 고향으로 훌쩍 내려가 마을 동구에 동백이 피었는지 가보자는 말은 왜 해보지 못했을까. 오는 자식들 마다 운동, 운동 하고 말할 때, 당신 가슴에 피었던 꽃잎마저 으깨져 진물이 흐르고 있지는 않았을는지. 지금 내 어머니가 몸도 성치 않지만, 꽃구경은커녕 자식의 얼굴조차 희미해져가니 그 때 장모님의 의중을 알아보려고도 하지 않은 것이 더욱 가슴 미어지는 것이다.

세월이 앞서서 늘 기다려 주는 것만은 아니다. 차츰차츰 기억의 타래를 옭아매던 장인은 자식들의 얼굴조차 흐려져 갔다. 당신은 지워져가는 기억의 끝을 잡고 무엇을 생각하고 있었을까. 가슴에 묻은 자식까지 지우지 못하고, 끝까지 여섯 남매의 아비라고 우겼다.

두 분이 같은 요양원에서 삶의 끝자락을 잡고 있으며, 평소 소원했던 부부간의 정은 연민으로 따뜻함을 찾아갔다. 그즈음 장인은 얽힌 타래마저 놓았다. 고향 집에 가자고 그리도 보채던 곳엔 당신이 손수 심은 감나무가 초록을 피워내고 있었다. 어린아이처럼 몸조차 자그마하게 만들어 놓고 다섯 자식의 곁에서 비켜 앉았다. 투박하지만 오가던 연민의 온기마저 사라져버렸기 때문일까, 서너 달 뒤 지긋지긋한 무릎을 버리지 못한 채 장모님도 지아비의 간 길을 따라 갔다. 이젠 밉지 않은 남편의 영정 앞에서 휠체어 손잡이를 으스러지게 움켜잡고 지아비를 바라보던 모습과 슬리퍼에 담긴 발만 내 눈에 새겨놓게 했다.

그 방에 들어섰을 때 장모님은 아파하지 않았다. 다리를 가지런히 꽃잎 위에 올려놓고, 곱게 화장을 하고 누워있었다. 염습사의 손놀림은 한 치의 오차도 없이 사무적으로 진

행돼 나갔다. 살집이 좋아진 당신의 평안을 위해 새로 지은 집은 바닥을 꽃잎으로 깔아놓았다. 두툼한 꽃잎이 다리의 통증을 덜하게 할 수 있을까. 부질없는 산 자의 객기다. '꽃잎을 두툼하게 깔아 뼈와 살이 배기지 않게 배려했습니다.' 염습사의 물기 없는 말이 입관 하는 방의 흰 벽에 부딪쳤다.

장모님의 몸 중 내가 한참을 만져본 곳은 발이다. 손이야 장모, 사위로 오가며 몇 번 쯤 안 잡았으랴. 장모님의 손과 발은 아내의 그것과 많이 닮았다. 그것이 나를 더 아프게 한다. 염습사가 막내딸을 찾는다. 꽃신을 신겨 드리란다.

당신의 발은 투박했다. 어느 핸가 봄날, 어린 자식들을 데리고 처가에 내려간 일이 있었다. 딸기가 심긴 논에서 일을 하다 아내의 부르는 소리에 맨발로 무거운 몸을 좌우로 흔들며 느릿하게 농로를 걸어 나오던 풍경은 어제 일처럼 생생하다. 그 날 장모님의 발등은 소복했다. 병원에서 신발을 신겨 드리려고 할 때도 발등은 소복하게 부어 있었다. 지금 그 발에 막내딸에게 꽃신을 신겨드리란다.

돌밭을 걸으며 김을 맸고, 찐득이는 논 흙속에 한나절을 박아놓고 딸기를 땄다. 숨 막히는 당신의 노동 뒤엔 부어오른 발이 숨어 있었고, 꺾어질 듯 아픈 무릎과 허리가 버텨내고 있었다. 힘에 겨운 노동이 자식을 먹이고 입혀, 살려내야 하는 순결함으로 완전하다해도 아픈 건 아픈 거고 힘든 건 힘든 것이다. 견딜 수 없는 걸 견뎌야하는 것이 모든 부모의 숙명은 아니다. 그런데 부어오른 무릎과 발이 그걸 강요하는 듯했다.

막내는 울지 않았다. 그리고 제 어미의 발에 넉넉한 꽃신을 신겨 드렸다. 몸에 달라붙어 떨어지지 않던 통증에서 벗어날 수 있는 마지막 방법이 슬리퍼가 아닌 꽃신을 신겨드리는 것이었을까. 망자는 망자여서 말이 없고, 산자는 말을 하나 망자에게 건너가지 못한다. 모두 말을 아꼈다.

"엄마 이젠 편히 걸어 다니세요"

간신히 목울대를 올라온 막내의 말은 입 안에서 비벼졌다.

꽃신 속, 소복하게 부은 발이 꽃잎에 얹혀 있다.

내가 글을 쓴다는 것은

젊음의 한 시절, 문청文靑 시기를 겪으며 지냈다. 저곳부터 여기까지라고 금을 그어 구획할 수 있는 시간은 아니다. 구획되지 않는 그 시기는 고된 노동 끝에 찾아온 몸살과도 같은 거였다. 그땐 왜 아픈지 잘 몰랐다. 으슬으슬 한기를 느끼며 고뿔을 앓게도 하고 신병神病처럼 들러붙어 좀처럼 떨어지지 않았다. 비온날 신작로의 낙엽처럼 이쪽을 떼면 저쪽이 들러붙는 꼴이었다. 한 발 내딛는 것이 버거웠고 느닷없는 아린 통증은 대중없이 찾아왔다. 그럴 때 통증의 그 끝에 매달린 언어 몇을 조합해 시를 썼다. 순결한 언어만은 아니었다. 세상이 부글거리는 것만큼이나 내 속도 언제 잦아들지 모르는 초산의 산모 입덧처럼 미식거렸다. 억지로 눌러 앉힌 듯한 70년대에서 부글대는 80년대로 넘어가는 20대 초반이었다.

나는 문학을 전공으로 공부하지 않았다. 관련이 없을 것 같은 행정학이 대학시절의 전공학과이다. 하지만 세상의 모든 학문이란 것이 땅위에 펼쳐진 길처럼 일가친척이어서 서로 잇닿아 있고 기대고 있다. 그렇긴 하지만 행정학 강의 시간은 무용한 학문으로 겉돌았고 문학의 한 귀퉁이에도 덧댈 수 있는 것 같지 않았다. 자연 캠퍼스를 오르내리던 시간은 길고 더뎠다. 다만 문학써클실을 내 집처럼 드나들었다.

대학을 졸업하며 밥벌이에 내몰리고 몸은 물기가 빠지고 건조해져갔다. 어느 순간부터 축축하게 들러붙어 있던 젖은 이파리들도 힘없이 떨어져 시간이 지나면 바스락거렸다. 통증은 가라앉는 듯했다. 허나 당장의 통증만 사라졌을 뿐, 젖은 낙엽이 붙어있던 자리에선 상처가 덧나기 일쑤였고 스멀스멀 퍼지는 가려움을 동반한 아픔은 냉큼 가셔질 기미가 보이지 않았다.

가려움은 중년에 접어든 내 삶을 긁어댔다. 손톱 밑에 선 홍빛이 배도록 긁어도 시원해지진 않았다. 기진한 몸으로 맞는 아침은 깨어나기 싫을 만큼 곤했고, 밤새 끼적인 낙서들로 날뛰곤 했다.

지천명知天命의 나이, 내게 주어진 나침판을 해독하는데도 어려움을 겪고 있었다. 또 몇 년의 시간이 흐른 걸까. 언뜻언뜻 버석거리던 피부는 부드러워졌고, 제 색깔을 찾는 듯 했지만 속 빈 강정처럼 푸석거렸다. 설명되어질 수 없는 허기짐이 몰려왔다. 딴은 자식들이 제 밥벌이를 할 수 있게 되면서 몰려오는 공허함 같은 것인지도 모른다. 그러다 보니 이순이 코앞에 닿아 있었다. 써보자. 그게 아마 그 때쯤이었을 것이다. 늦었지 싶었지만 쓰지 않으면 안 될 거 같고, 그렇다고 시작도 하지 못한 채 애만 끓였다. 어렴풋하게 집히는 것은 지금 시작하지 않으면 더 늦어질 뿐이란 걸 몸이 알고 있었다.

문학을 왜 하는가? 난 왜 땀에 젖어 몸에 들러붙은 속옷 같은 것을 벗어 던지지 못할까. 왜 가시덤불을 안고 가듯 몸을 찔리면서 내려놓지 못하고 안고 있을까. 거대 담론을 들춰, 문학이 내가 안고 가야할 십자가라도 되는가. 이런 것이 그 쯤의 내 화두였다. 어스름 길을 밟는 심정으로 화두를 안고 시작했다.

시작은 했지만 풍차 앞에선 돈키호테의 몸짓에 지나지 않았다. 신 내 나는 속옷은 벗으려고 할수록 몸에 감기기 일쑤였다.

밤새 써놓고 아침에 읽어보면 글은 여전히 날뛰었고, 설익은 풋내가 배어 있었다. 그뿐이랴. 구겨 버려진 것들 속에서는 비린내가 진동해 그냥 놔둘 수가 없었다. 냄새를 없애는 좋은 방법은 불에 태우는 것이었다. 불과 연기 속에 냄새도 사라지리라.

그 날 밤 119편의 '시'라는 생물을 화장시켰다. 타오르는 불꽃 속에 내 다짐을 새겨 넣었다. '이젠 결코 네 살을 만지지 않으리.'

생물들은 타서 재가 되었다. 나름의 의식을 치룸으로써 한 획을 그어보자는 생각이었다. 그리 될 줄 믿었다.

사람의, 아니 내 속 사람은 참 아이러니하다. 나도 그것에 관하여는 잘 모른다. 자정이 훨씬 넘은 시간에야 등을 누였는데, 꿈결 같으면서도 또렷한 정신에, 주검이 된 그들을 만지며 진혼곡을 부르고 있었다. 그 밤에 부른 노래 「화장火葬」의 일부다.

> 움직임이 없다고 모두 죽은 것은 아니다/ 사랑하지 않는다고 반드시 미워하는 것도 아니다/도대체 어느 쪽이냐고 묻는 말에 쭈뼛댔다고 해서/ 반드시 줏대 없는 것도 아니다/ 그래도 쓰린 것은 쓰리고 아린 것은 아린 것이다/ (중략)/ 너를 잉태하고 내 가슴은 뛰었다/ 산고를 겪을 때는 나도 아팠다/ 미혼모라고 산고가 비켜가더냐/ (하략)/

미혼모의 산고는 그 후로도 오래갔다. 해도 해도 표시도 없고 지루하기만 한 여름날의 농사일처럼 질기고 둔적스럽게 이어졌다. 그쯤이었을 것이다. 지금의 나를 철저하게 파괴하지 않으면 어떤 글도 쓸 수 없다는 것을 알게 된 것이.

어떻게든 새로운 자기 자신으로 태어나지 않으면 안 된다는 것을 깨닫게 된 것이다. 나를 변화 시킬 수 없고 새로운 나로 거듭날 수 없다면, 글을 쓴다는 것은 내게 아무런 의미도 없는 것이었다. 내가 글을 쓰는 것이 아니고, 글을 쓰면서 그 행위로 내가 변화되는 과정이 필요했던 거였다.

진정한 나 자신의 변화는 무엇이었을까.

세상을 바라보는 눈길이 변하지 않고는 시작도 할 수 없는 일이다. 글을 쓰는 나 자신에게 연민이 없다면, 메마른 내가 바라보는 세상을 애정으로 볼 수 없다. 더러는 애증으로 표시 될 수도 있겠다. 세상을 바라보는 눈길이 바뀌고, 인식이 바뀌며, 사유의 방향과, 깊이와 폭을 재단하여 확장해 나감은 시급한 과제였다. 그것은 지금까지의 가치관 자체가 요동침을 동반하는 일이다. 이것이 내가 내린 결론이었다. 그러기 위해서는 이미 한 생각, 이미 느낀 느낌을 글로 옮기는 것이 아니라 글을 쓰면서 달려드는 언어로 다시 생각하고 다시 느끼는 것이었다.

그러므로 진정한 내 글을 쓰기 위해서는 지금의 나, '자기부정'의 용기가 필요했다. 이것은 내가 쓰는 시만을 위한 사색은 아니며, 내 글이 문학의 범주에 들어간다면 모든 글 쓰는 것에 일관한다.

『파우스트』를 쓴 괴테는 59년의 세월을 바탕으로 그 글을 완성했다. 젊은 날에 시작해서 황혼의 80에 접어들어 한 편의 글을 완성한 것이다. 글을 시작할 때의 괴테와 글을 마쳤을 때의 괴테는 같은 사람이 아니었을 것이다. 그러기에 '브르스터 기셀린'은 괴테가 『파우스트』를 쓴 것이 아니라 파우스트가 괴테를 만들었다고 말한 게 아닐까.

시란 놈의 성격이 까탈스러워 제 몸을 설명하는 것도 싫어

하고 뒤태를 보이는 것도 꺼린다. 그렇기는 하거니와 한 편의 시 안에 감춰 넣은 것을 빼낼 수도, 일부를 덜어낼 수도 없을 때가 있다. 그 뒤 얘기를 수필이 맡는다. 그러기에 내 산문 중 다수는 그 뿌리가 시에 닿아있다.

수필이든 시든, 감추고 있는 현상을 감지해 그것을 이해하고, 이해된 것을 자기만의 언어로 재구성하기 위해서는 현상의 인식이나 사유를 언어로 표현해 낼 수 있는 감각이 필요함은 더 말할 나위가 없다. 이렇듯 인식이나 사유를 언어로 나타낸 것이 어느 장르가 됐든 문학의 뿌리나 기둥이 될 터인데, 내 몸에 닿지 않은 것의 질감과 무늬를 그려내기에 내 글쓰기는 여전히 아둔하여 연민을 받아 마땅하다.

글을 쓴다는 것은 진정한 나를 찾아가는 여정이다. 나를 찾아본다는 것은 철학의 영역이다. 내가 끼적이는 산문, 즉 수필은 철학과 문학 그 중간쯤 생긴 계곡의 어느 구비를 돌아가며 걷고 있지 않나 하는 생각을 해보곤 한다. 물론 둘이 만나 이룬 계곡에는 돌부리도 있고, 이끼 낀 바위비탈이 왜 없으랴. 넘어지고 미끄러질 것은 자명한 일이다. 그렇지만 그 계곡의 어느 구비를 걷고 있다는 생각이다.

지금의 자기부정을 통하여 진정한 나를 찾아가는 길이란, 어떤 의미에서 지금의 나를 구원하는 길은 아닐까.

종교적 구원에 이르는 길도 있겠지만, 글쓰기가 나를 구원하는 것이라면, 그것이 내가 글을 쓰는 이유가 될 것이다.

색깔과 빛깔

　　　　　　　　　　가을이다. 무리에서 처진 구름 한 조각이 제 몸을 풀어내며 뒤를 따른다. 넓은 바다의 조각배다. 사공이 없는 건지, 노를 졌다가 잠이든 건지 조각배는 이리저리 흔들리다 바다 속으로 잠긴다. 바다는 더 파랗게 넓어지고 깊어진다. 만질 수 없지만 무늬는 눈에 어른거리고 질감은 포근하다. 잠긴 조각배를 찾아 바다 속을 살핀다. 파랑색 하늘만 남아 있다.

　비탈진 과수원의 갈 사과는 빨간색을 입었다. 지금 보고 있는 파란 하늘은 파란색을 두르고 있다. 우리가 보는 색깔은 물체에 와 닿는 빛 중에 흡수되지 못하고 반사되는 것이라고 까까머리 시절 과학 선생님은 말했다. 그러기에 익은 사과가 빨갛게 보이는 것은 빨간 빛을 흡수하지 못하는 빨강 빛의 결핍인 것이라고. 우리가 보는 색깔은 결국 그 물체가 흡수하지 못한 빛의 결핍이 색으로 보이는 것이다. 이 결핍이 반사되어 나오는 색이다. 빛이 없는 어둠 속에서는 어둠 그 자체일 뿐이다. 빛이 비춰주었을 때 비로소 자신의 결핍을 색으로 들어낸다.

어쭙잖게 색의 과학적 논리를 얘기하자는 것이 아니다. 초등학교 시절 미술시험에 한 번 쯤 나왔음직한 빛의 3원색은 빨강(Red), 초록(Green), 파랑(blue)이다. 빛의 색은 섞으면 섞을수록 밝아지는 특성을 갖는다. 반대로 색의 요소들은 섞어 비벼질수록 어두워져 마침내 캄캄한 암흑의 색으로 변한다.

일상에서 우리의 대부분은 이 색깔과 빛깔을 구분하지 않고 살아간다. 주변에서 자기의 색깔은 이러하다고 말하는 사람들을 만나곤 한다. 그러니 내게 다른 색을 섞으려고 내밀지 말라는 경고이기도하다. 딴은 주변의 사람들이 그 사람의 색깔은 이러하니 따른 색깔이 섞일 수 없다고 말하기도 한다.

종종 나라의 대사를 치룰 때 색깔론이란 말이 종횡무진 누비고 다니기도 한다. 자기만의 색깔을 이렇다하고 주장하는 것, 그것은 되레 그 사람이 결핍을 드러내는 색은 아닐는지 생각하게 한다. 색깔방식적 삶이 있다면 이러한 사람들을 일컬을 수 있을 것이다. 그렇다면 빛깔방식적인 삶도 있지 않을까.

어우러져서 살아야 하는 일상 속에서 싫든 좋든 자기만의 색이나 빛을 타인에게 포갠다. 마치 준비된 대본도 없이 자신의 본능이 연출하는 대로 자기의 색깔을 타인에게 포개기를 즐기는 사람은 도무지 타인의 색은 생각지 않는다. '너와 나'의 색깔이 다른데 그 '다름'을 인정하려 들지 않는 것이다. 내 색깔이 맞고 네 색깔은 틀렸다고 우겨댄다. 색깔에 맞고 틀린 것은 있을 수 없는 일 아닌가. 서로 가지고 있는 색이 다른 것이다. 자신의 생각과 느낌이 타인의 그것과 다르다고 내 것이 맞고, 네 것이 틀린 것이 아니다. 틀린 것이 아닌데 잘못됐다고 단정하여 네 것과 내 것의 다름을 인정하려 들지 않는다. 우리 삶에서 색깔방식적 삶의 충돌이다. 그래서 우리말의 '틀리다'와 '다르다'는 다르다.

특히 문학을 공부하는 사람들 중에도 자기의 생각만 옳다고 우기는 사람을 쉽게 만난다. 겸손하지 못한 태도이다. 도덕과 윤리적 겸손이 분명 있겠지만, 문학적 겸손도 있는 것이다. 타인의 생각을 나와 다르다고 무시하는 것은 오만과 편견일 뿐이다.

내 색깔을 타인에게 억지로 섞어 비비려들면 색깔은 점점 어두워지기 마련이다. 내게 결핍된 그 어떤 색을 세상에 억지로 더하고 섞어서 어둡고 캄캄한 세상을 만들 수도 있는 것이다. 중요한 것은 내 색을 내어놓았을 때 세상에 칠하여진 다른 색깔과의 조화에 있다.

아쉽고 모자라지만 나의 색깔이 아닌 빛깔을 찾아 세상의 한 참여자로 살아갈 수 있다면 이 세상은 조금 더 환한 세상이 되지 않을까 하는 생각을 해보는 것이다. 어쨌든 내 하나의 삶도, 세상도, 조화가 이뤄져야 하고 색도 조화롭게 되어야 한다. 살아있다는 것, 그래서 살아간다는 것은 어떤 삶이 됐든 스스로를 연민할 수 있어야 한다. 어쩔 수 없이 스스로의 결핍을 드러내지만 그 색깔을 강요하지 않는다면 그것으로 색의 조화에 일조하는 일 일게다. 자기만의 색깔을 섞으려 들지 말고, 자기 안의 빛깔을 찾아볼 일이다.

 구름 한 점 없는 파란 하늘도 좋지만, 울긋불긋 어우러진 지는 저녁노을이며, 가을 산을 물들이는 단풍은 또 얼마나 아름다운가.

시간이 머문다는 것은

　　　　　　　　　　　시간은 흘러만 가지는 않는다. 제가 있을 곳을 찾아 머물러 있기도 한다. 다만 미지의 어디에 머물러 있을 터인데, 거긴 이화梨花나 도화桃花의 꽃잎이 날리고 벚꽃이 풍장風葬의 의식을 맞이하는 곳일 수도 있다. 더러 깊이가 가늠 되지 않는 늪일 때도 있다. 머무르고 있는 그 곳에 다가가는 것은 내 몫일 진데, 보이지 않고 만질 수 없으니 선뜻 들어설 수 있는 것은 아니다. 어찌하다가 다가서게 되면, 머문 시간은 내 냄새를 묻히고 더러는 비벼지고 뭉개져 뒤로 주쩜거리며 자리를 물릴 뿐, 흘러가지 않고 쌓여져 머물고 있을 때가 있는 것이다. 아마도 그럴 것이라고 나는 믿고 있다. 겉으로 들어나 보이는 내 몸의 늙어감이 내 시간이 괸 곳에 머물러 있는 형상이 아닐는지.

　머무른다는 것은 어느 방향을 향해 가다가 멈춰서 있다는 것을 말함일 것이다. 나그네가 길을 걷다 멈춰, 어느 곳에 머무를 수도 있고, 물이 흐르다 어느 지점에 괴어 머무르고 있을 수도 있다. 만질 수 없는 무형의 바람이 제 길을 가다 소리가 잦아들며 잠잠해질 때, 바람이 '머물다'라고도 하고 '잠자다'라고도 한다. 그렇기는 하거니와 무형의 시간이 어느 한 곳에 머물러 있다는 것은 관념일 뿐 실존적 모양으로 존재할 수 있다고 우기면 관념에 묻혀버린 지나친 유추일까. 꼭 그런 것만은 아닌 거 같다고 생각되는 것이다.

귀가 순해진다는 이순耳順을 느낄 새도 없이 훌쩍 뛰어넘었다. 이순 다음의 고개가 몇 걸음 앞이다. 내 몸을 스치고, 할퀴며 더러 내가 밟으며 지나왔을 시간은 다 흘러가 무화武火되어 없어지고 마는 것인가. 흐르는 시간의 일정 부분을 덜어냈을 때, 덜어낸 시간이 내 것만으로 구분되어지는 건 아닐 터지만 내가 그 일정의 시간에 묻혀있어 오롯이 그 시간은 내가 임자가 될 수는 있지 않을까.

흔히 추억이라고 하는 것은 지났다고 생각하는 시간에 저장되어 있는 것이다. 그 모습은 다양해 풍경으로, 냄새로, 소리 등으로 남아있다. 더러는 서로가 포개져 앞의 것과 뒤의 것을 구분할 수 없을 때도 있다. 더 흐르지 않는 시간은 겹쳐 있고 펼쳐 보이는 풍경 안에 시간이 괴어 있다. 괴어있는 시간에 뒤따라온 시간이 포개지기도 하는데 그 시간의 풍경 안에 소리도, 냄새도 섞이게 된다. 그러면서 쌓여 머무는 것이다. 다만 더 많은 시간이 흘러들어 멀어지고 흐려질 뿐이다.

뒤에 쌓여 있는 시간이 흘러가지 않고 있다고 잡아당겨 지금의 시간과 겹칠 수 없고, 앞서 있는 시간 역시 당겨 미리 가볼 수는 없다. 내가 지나왔던 시간도 그렇거니와 내게 올 시간도 어떤 형체를 띠고 올는지 알 수 없는 것과 같은 이치가 아닐까. 다만 머물러 괴어 있는 시간에 들어가 내 몸짓을 살펴볼 뿐이다. 물리物理를 얘기하자는 것이 아니지만 명료한 말을 이어가지 못하니 내 글에 연민을 얹는다.

어릴 적부터 뛰며 놀았던 산등성이에 앉아 달뜬 노을에 마음을 빼앗기고 바라보던 별, 달, 그리고 내가 이름 붙여준 들꽃, 그들과 만나던 들녘이었다. 하지만 내게 소중했던 이런 것들이 부모님에게는 무용한 것들에 지나지 않았다. 삶의 끈이 질기게 얽혀 있던 선산과 산의 꼬리처럼 붙어있는 밭들이 개발될지는 주변 아무도 몰랐다. 불쑥 찾아온 첫새벽 손님처럼 느닷없고, 그렇다고 내가 싫으니 내칠 수 있는 것이 아니었다. 그냥 나라에서 하는 일이려니 하며 엉거주춤 따를 수밖에 없었다. 이웃도, 이웃 마을도 모두 그랬다.

어쩔 수 없이 선산 양지에 편히 누워 볕을 받고 계실 아버지를 깨워야 했다. 짐작컨대 아직 살도 다 덜어내지 않았을 아버지의 주검을 마주해야 하는 일은 참담한 일이었다. '잠깐 일어나시면 누울 자리를 다시 봐드리겠습니다.' 하고 전할 몫은 오롯이 내 차지였다.

아버지가 잠든 그 곳에서, 머물러 괴어있는 아버지와 나의 시간을 보았다. 내가 안을 수 있는, 나와 아버지만이 공유할 수 있는 시간이라는 느낌으로 다가왔다. 무더기 무더기로 아버지 몸에 붙어있는 시간은, 덮여있던 포장을 걷어낸 유형의 물체처럼 보였다. 흘러간다고만 믿었던 시간이 거기 머물고 있어 맞닥뜨린 생소한 체험이다.

 변변하게 내세울 것 없는 일가의 대주로서 식솔을 먹여 살려야하는 책임이 아버지의 어깨에 메인 지게 끈에 달려 있었다. 끈이 메여 있던 어깨가 삭지 않고 시간과 버무려져 거기 있었다. 무더기로 괴어 있는 시간을 지금으로 퍼 올릴 때 무참했다. 수백 수천 번의 팽팽한 지게 끈을 받아냈을 아버지의 어깨에, 지나갔어야할 시간이 거기 머물고 있는 듯했다. 무형의 시간은 유형의 어깨뼈에 덕지덕지 들러붙어 유형의 시간으로 머무르고 있었다. 몸이 으스러질 만큼의 지게 짐을 지고 일어서는 순간마다 두 어깨는 짐을 받아냈으리라. 그 두 어깨가 살을 덜어내고 가지런히 놓여 있었다. 아버지의 두 어깨가 땅 속에 머문 시간은 동정녀가 보낸 시간처럼 순결한 시간으로 느껴졌다. 다만 뼈와 뼈 사이는 느슨해졌고 땀이 흐르던 이마는 백골이 되었다. 그렇다고 시간이 무화된 것 같지는 않았다. 노동의 무게를 삶의 순결함으로 환치하던 표정은 이제 읽을 수 없다. 시간만이 온 몸에 내려 앉아 머무르고 있었다.

 만질 수 없는 시간은 바닷가 단애의 주상절리처럼 쌓여 있는 것 같았다. 살이 삭고 뼈가 느슨해진다고 팽팽했던 시간이 헐거워지지는 않는다는 것을 거기서 보았다.

　우리는 시간이 흐른다고 말하기도하고, 간다고도 한다. 흐르는 물처럼 시간이 흐른다는 뜻일 것이다. 허지만 내가 맞닥뜨렸던 시간은 흐르지 않고 머물러 쌓여 있었다. 헐렁해지지도, 느슨해지지도 않은 무형의 시간이 주는 질감을 느꼈다면 지나친 과장일까. 팽팽한 질감은 팽팽한 대로의 그 때 그 시간으로 내게 닿을 수 있는 듯했다. 그것은 아버지께서 덜어낸 살과 뼈가 내 몸에 지금 흐르는 것과 같은 이치리라.

　시간이 나를 지나서 사뭇 흐르기만 한다면 지나간 풍경은 기억의 풍경일 뿐 되살릴 수 있는 풍경은 아닐 것이다. 또 그것은 세월의 흐름에 가뭇없이 지워질 것이다. 앞에 있는 시간이 다가오든, 거기에 머물러 있어 내가 다가가든, 내가 살아가는 동안은 만지고 스치며 포개질 수 있을 것이다. 이렇듯 스쳐 지나갔고, 흘러서 멀어지는 것만은 아닌듯하다. 어느 한 순간의 시간은 어디쯤의 구비에서 괴고, 쌓여져 머물고 있는 것이라고 믿는다. 아니 믿고 싶은 것일 게다. 아버지와 나만이 공유된 시간이기에.

　나는 내 앞에 놓인 시간을 어떻게 당겨 내 뒤에 쌓을지 알지 못한다. 당길 수 없으니 지금 내 앞에 놓인 시간만 만질 뿐이다. 그러다 내가 앞서가든 시간이 뒤로 물러가든 내 몸에 와 닿은 시간은 뒤에 쌓여 있을 것이라 믿는 것이다. 음습한 땅속에서 아버지가 시간을 매어놓고 있었듯이 내 뒤로 물러난 아버지와의 시간도 거기에 머물러 있을 것이라고 믿는다.

 살면서 겪는 모든 부침도 시간이 지나면 흐려지고 느슨해진다. 그 틈이 헐렁하지 않고 촘촘했으면 좋겠지만, 그렇지 아니하더라도 내가 만든 풍경 안에 시간이 괴어 있길 바란다. 그건, 지나갔지만 나만이 가질 수 있는 시간인 것 같다. 잡고 매달려도 다만 스치고 지나간 시간이었다면 애당초 내 시간은 아니다. 스친 시간 속에 배어 있는 내 삶의 흔적이 아무도 기억하지 못하고 공유할 수 없다면 그 시간들은 무화돼버린 덧없는 시간이지 않을까

 그렇기는 하거니와 이럴 때, 그 건 온전한 나만의 시간이었나, 그저 흐르는 세월의 한 부분인 건가.

처음 가보는 길 위에서

길은 집성촌의 일가친척처럼 서로 붙어서 산다. 설령 떨어져 홀로인 듯 한 외길도 처음은 어느 길에서 갈라져 시작된 것이다. 친척을 떠나 일가를 이루며 길이 숨을 거둔 곳은 고즈넉한 누구네 앞마당이거나 짐을 내려놓고 쉴 수 있는 곳이 거지반이다. 더러 험한 산 중턱에서 스스로자국을 지우거나 더 이상 걸을 수 없는 밀림으로 빨려 들어가 길이 사라졌다면 그건 처음부터 길이 아닌 곳이다.

땅위에 실존하는 이런 길도 있겠지만 인생의 삶 속에서도 땅위의 길들에 비유되고 삶의 여정이 그 길 위에 있다. 아쉬운 것은 삶의 여정에 놓인 길을 우리는 다 걸어볼 수 없다는 것이다. 그렇다 보니 걷는 트레킹 코스가 잘못됐다고 돌아서 나와 새 코스를 걷듯 아무 곳에서나 발길을 되돌릴 수는 없다. 잠깐 시간을 허비하는 것에 그치지 않고 많은 것을 지불하고서야 길을 갈아 탈 수 있는 것이다. 지금도 나는 길 위를 걷고 있다. 처음 가보는 길이다.

지나온 길들은 많다. 그 중엔 어린 시절 걸어온 길이 있을 것이다. 알지 못하는 길이니 부모님이 내가 걸을만한 길을 선택해 주었을 것이다. 일러준 대로 길을 걸을 때 갈라져 망설이던 길도 있었겠지만 평범한 길이었다. 가던 길에 들꽃이 피어있고, 알 수 없는 벌레가 튀어나오던 날엔 길 위에서 호들갑을 떨기도 했다. 어쩌다 옆으로 난 길에 들어설 때는 흘 낏거리며 뒤도 돌아봤을 것이다. 그런 길들을 꽤나 오랫동안 걸었다. 달뜬 내 영혼이 잠깐 앞서 까불대다 멈출 때가 있다. 납작하게 가라앉는 신작로의 먼지처럼 잠시 시간을 보내고 나면 제가 알아서 가라앉는 길이었다. 그 길들은 이제 차분히 내려앉아 마음속에 머문다.

청소년기를 거치고 청년이 되어가며 걷던 길은 어린 시절의 길보다 넓고 멀었다. 넓긴 했지만 평탄하지도 반듯하지도 않았다. 옆으로 난 길은 많았고, 더러 붉은 꽃으로 장식된 길도 있어 나를 유혹했다. 몇 발 내딛다 길바닥에서 꽃으로 기어오르는 흉측한 벌레에 놀라 돌아선 것이 몇 번 이던가. 멀리서는 그 흉한 모습이 보이지 않았다. 화려함에 반해 발을 들여놓고 나서야 기겁을 하고 돌아섰다. 많은 날들이 길 위에서 불살라졌다. 그 날들은 지금도 아깝다.

그 뿐이던가. 길 위에는 웅덩이도 있었다. 웅덩이에 괸 물이 위는 맑아 보이나 한 발만 넣어도 곧 흙탕물로 변했다. 물에 발을 디뎠을 때 바닥이 끈적이고 질척거리던 날들, 그 날들은 아직도 기억에 남아 있다. 왜 발이 온통 흙탕물로 범벅이 되고서야 웅덩이가 보이는 건지. 지금도 기억의 웅덩이엔 미처 빼내지 못한 신발 하나가 진흙 속에 박혀있는 듯하다. 그런 날 길 위에 선 젊음 하나는 죄어오는 가슴앓이로 몇 날을 울었던가. 그 날들은 지금도 아프다.

불혹의 나이를 맞고 넘기며 걷던 길은 겉으론 평탄했다. 내게 가족이 있었고 외롭지 않았다. 부모가 계셨고, 아내와 아이들이 있었고 피붙이 누나와 형이 있었다. 걷던 길은 시끌벅적했고 더러 쉬며 싸가지고 온 음식을 나눴다. 길옆으로 미루나무 가로수가 그늘을 만들었고 계절이 바뀌면 야트막한 언덕엔 억새가 일렁였다. 길 위의 자갈밭도 있었지만 걸어서 지나 갈만 했다. 뒤돌아보면 제 앞에 놓인 자갈들을 발끝으로 밀어내며 따라오는 아이들도 그저 고와 보였다. 그 날들은 지금도 곱다.

늘 그러기만 했을까. 애들보다 먼저 내가 돌부리에 걸려 넘어졌다. 애들 앞에서 맘껏 아프다는 표정도 지을 수 없었다. 걸음은 느려지고 발치에서 어른거리는 그림자마저 걸리적거리던 날들, 아내가 앞서 걷고 있었다. 일어나 다시 따라 걷다보면 아내와 앞서거니 뒤서거니 길은 뒤로 물러났다. 지금 돌아보니 그런 길들이 걷지 못할 정도의 험한 바위 산길은 아니었다. 흙먼지 날려 바로 가라앉지 않아 코를 감싸 쥐었을 포장되지 않은 신작로였다. 그날들이 납작하게 내 맘에 앉아 있다.

  길 위에 서있다. 아내도 나도 60대 중반이 되었다. 험한 길은 아닌데도 걷는데 무릎이 시리다. 자식들은 제 갈 길을 용케 찾아내 걷고 있다. 그 길을 사뭇 동행할 수 없으니 잘 걷고 있으려니 믿을 뿐이다. 먼지를 마셨을지도 모를 일이지만 흙탕물에 옷이 더렵혀지고, 웅덩이에 발을 헛디디는 일은 없었으니 다행이다. 그들은 그들이 찾아낸 길을 걸을 것이다. 내가 그랬듯이 처음 걷는 그 길을 지금처럼 걸어갔으면 좋겠다.

  나와 아내가 지금 걷고 있는 이 길은 어정쩡하다. 젊은이 축에 끼면 노망난 노인쯤으로 치부하며 펄쩍뛴다. 하기야 나이가 몇인가. 그렇다고 노인들이 모여 걷는 길에 뒤에라도 따라 걷다보면 다들 흘깃거린다. 아직 젊은 것이 늙은이 행세한다고. 뻘쭘해진다. 이러다 길을 잃을 판이다. 법을 들이대 보지만 무용지물이다. 그깟 것 숫자에 불과하다는 답이 돌아온다. 길 위에 엉거주춤 서있다. 이들과 함께 걷는 길이 숫자가 더 늘어남만은 아닐 터이다.

  처음 가보는 길이다. 그 길 위에 지금 서있다.

  뒤를 수없이 돌아다보았다. 걸어왔던 길이 누워있고, 들어설까 망설이다 지나친 길도 옆에 있다. 들어서지 않은 많은 길들은 걸어보지 않았기에 그 길들의 질감을 난 말하지 못한다. 겨우 겨우 걸어온 길의 겉모양을 말 할 뿐이다. 걸어보지 못한 그 길들에 대해 지금도 아쉬움은 남는다.

걸어온 길 위에는 더러 상처가 나있다. 내 기억으로 생생한 것은 군에 입대하던 날, 어머니의 배웅을 받으며 돌아서는데 동구 밖 물방앗거리를 휘감아 돌아 가슴으로 파고 들던 바람이 왜 그리 섬뜩했던지. 삶의 길이 걷기 버거워 길가에 주저앉아 쉴 때, 길옆 밭둑에 들국화는 노랗게 피어있고 보랏빛 쑥부쟁이는 왜 그리 곱던지. '맞다. 저 길을 내가 걸어서 왔지.'

처음 걷는 길 위에서 보이지 않는 길 너머를 바라본다.

지나간 젊음이 항상 좋은 것만 가져다주는 것은 아니었다. 처음 가보는 이 길도 늙은이들의 행렬이라고 나쁜 것만은 아니라고 믿는다. 모든 것이 심드렁해지고 의욕이 덜 넘치는 것만은 사실이다. 그렇기는 하거니와 가보지 않은 미지의 길들에 대한 설렘까지 시들해진 게 아님은 분명하다.

40대 이후 생겨난 상처도 이제는 덧나지 않는다. 연이어 이어진 슬픔도 길을 걷는 동안 지나간 시간 속에서 풍화되었다. 후반에 맞은 형의 느닷없는 죽음, 잇댄 아버지의 부재는 길 위에서 만난 혹독한 시련이었다. 홀로 남겨진 어머니와의 동행 중, 병마와 싸우다 백기를 들고 어머니를 앞서간 누나의 끊어진 길, 이 모든 각자의 길들에 내가 설 수 없으니 나는 내 아픔과 슬픔을 길 위에 널어놓을 뿐 자세히 말할 수 없으니 안타깝다.

  그렇긴 하지만 다시 들꽃 핀 언덕길이 나올 것이고 쑥부쟁이 보랏빛 꽃이 무더기무더기 피어 있는 길가에서 난 잠시 앉아 이마의 땀을 닦으며 스치는 바람의 질감을 가늠해 볼 것이라는 걸 믿는다.

  내게 길은 그런 거였다. 처음 가보는 지금의 이 길도 언젠가 지나쳤을 그 길 아닐까 착각에 빠지는 것은 아마 길 위에서 만난 차가운 바람의 질감을 기억하고 있어서 아닐까.

두 아들에게 보내는 편지

영주야, 영설아.

참으로 오랜만에 너희에게 편지를 써본다. 느닷없기는 하지만 오래 전부터 글로 써서 남기고 싶었다. 뒤늦게 얼치기 글쟁이로 살면서 아들들에게 남기는 글 한 편 없으면 되겠나 하는 생각이든 것도 있지만, 딴은 며칠 전 갑작스런 부고가 편지 쓰기를 앞당겼는지도 모르겠다. 지근거리에서 가르침을 받던 노교수의 장례를 치르며 상투적인 생각일 수도 있겠지만, 사람이 언제 어떻게 될 줄은 참으로 알 수 없는 일 아니겠느냐. 어디 이번 일 뿐이겠니. 우리 집안에서 졸지 간에 강을 건너간 일들로 혼비백산한 일이 몇 번이더냐.

사람의 마지막이 하늘에 달렸다는 흔한 말로도 읽힐 수 있겠으나 딱히 그것만은 아니다. 너희들도 어린 시절을 거치고 청년기를 거치며 자신의 주장이나 가치관에 변화가 오듯, 사람은 나이를 먹어가며 세상을 바라보는 시각에 차이가 있게 마련이다. 30대 후반에 접어든 너희가 지금의 아버지 나이가 되면 아마도 아버지는 너희와 함께 있지 않을 것이다. 그래서 지금의 아버지 생각을 너희에게 보이고 싶고, 지금 할 수 있는 말을 하고 싶다.

돌아가신 노교수님은 떠나시기 한 주 전에도 아버지와 모임에서 만났었다. 그 분의 성품이 그렇듯, 그날도 시종 유쾌하고 유머가 있는 말투로 즐거운 저녁시간을 보냈다. 그런 일이 있은 한 주 후에 황망 중에 떠나시고 나니, 이런 건 좀 여쭤볼 걸, 저런 건 좀 말씀드릴 걸 하는 생각이 들더구나.

영주하고는 영설이 보다 많은 대화를 나눴다는 생각이 든다. 영주가 대학에 입학하고 난 이후였던 것으로 기억된다. 한 주 걸러 집에 올 때가 아버지는 많이 기다려지곤 했다. 네가 관심을 가지고 공부하는 것들 중에 인문학적 부분의 소양이 눈에 띄게 크고 있다는 생각이든 것은 3학년 때 쯤 인 것 같다. 아마 그 때가 대학생활 시작하며 책을 많이 읽던 시기였던 것 같다. 너와 계통은 없지만 두루두루 세상 얘길 나누는 시간들이 아버지는 참 좋았다.

언젠가 온가족이 모여 저녁식사를 마치고 가벼운 술자리를 하며 이야기 나누던 일을 기억한다. 그 때 아버지가 농으로 하는 말이었지만 농으로 받지 않고 영주가 한 말이 기억에 남는다. '아버지 엄마 늙어서 박대하면 너희들 사는 아파트 옥상에 올라가 시위를 하겠노라고.'했던. 재미삼아 하는 농인지 뻔히 알면서 '아버지는 진짜 그렇게 하실 분 같아요.'

하며 농을 받아주고는 '아버지 엄마가 우릴 그렇게 키워놓질 않으셨네요.' 하더구나. 웃자고 하던 얘기 끝에 나온 말이지만 기분이 참 좋더구나. 벌써 그런 시간을 보낸 것이 십 수 년이 지났다. 그 날이었던가, 그 이전일이던가. 영설이가 군장학생 면접에서 떨어지고 아버지 앞에서 눈물을 보였을 때 가슴이 아려왔다. 원치 않는 길을 걷게 하는 건 아닌지, 아버지의 짐을 덜어내려고 자식의 여물지 않은 어깨를 빌리는 건 아닌지. 세월이 지난 지금 어느 정도의 자리에 서서 제 몫을 하고 있으니 아버지도 염치없지만 그 짐은 조금 내려놓고 싶구나, 영설아.

  영주야, 영설아.

  아버지가 바라는 것은 너희가 잘 사는 것이다. 아주 상투적 바람이며 표현일 수 있다. 아버지 세대에는 말할 것도 없겠지만 너희 세대도 크게 다르지는 아닐 것이다. 특히 이 나라의 남자들이 사는 방법이 별반 다르지 않다. 의식주를 풍요하게 해결하며 돈 걱정 없이 잘 먹고 잘 살자는 얘기만은 아니다. 아버지도 열심히 살았다. 너희도 지금 열심히 살 것이다. 그런데 열심히 사는 것엔 익숙하지만 어떤 게 가치 있는 삶인가에 대해서는 서툴다. 자신이나 가족 구성원이 어떻게 살아야 행복하게 사는 것인지는 그리 간단하지 않다. 그게 우리 남자들의 숙제다. 이건 아버지가 50대 이후를 얼치기 글쟁이로 살면서 느끼는 화두다. 주변의 많은 사람들한테서 동시에 느끼는 정서이기도 하다. 열심히 살면서 부가 축적되고 큰 걱정거리 당하지 않고 살면 행복인건가. 이런 문제는 지금의 아버지 정서도 크게 다르지 않다.

 밥을 벌기 위해 밥을 먹어야 했고, 그 밥이 식기 전에 일을 찾아 나서야 했고, 일 이후에 찾아오는 시간을 반가워할 여력이 없이 지냈던 것 같다. 밥이란 것이 어찌 하루 이틀 배불리 먹고 그만 둘 일이 아니기에 그 이후에 찾아온 한가한 시간조차도 매여 있었다. 그 날들이 아버지에게는 남의 옷 빌려 입고 나서 돌려줄 시간 다가오듯 했다. 지금도 그 중 어떤 날은 기막히다. 아들들아, 너희는 이렇게 살지 마라. 이런 기막힌 날이 오지 않기를 바란다. 설령 오거든 일주일쯤 놀아라. 돈을 얻어서라도 집에 먹고 살게 해주고 혼자서 놀아라. 극도로 힘겨운 시간에 가족이 함께 있는 것도 한 방법이 되기는 하지만 난 혼자 있으라고 일러주고 싶다. 외로움의 끝까지 내려가 보는 거다. 어쩔 수 없이 고립되는 것과 스스로 택한 외로움은 다르다. 일하는 시간과, 쉬는 시간과, 쉴 수밖에 없는 시간을 구분할 줄 알아라. 돈을 벌지 말고 빈둥거리며 시간을 보내라는 말과 구분해야 한다. '내가 이렇게 귀한 시간을 허투루 보내고 있어도 되나' 하는 생각이 들 수도 있겠지만 시간의 주인 역시 자신이다. 내가 시간을 다스리면 시간의 주인은 나다. 돈도 시간도 내가 주인이었을 때만 내게 유용할 뿐이다.

어찌됐든 돈은 너희들이 어디에서 무엇을 하며 살든지 꼭 필요하다. 돈 없이 폼 나게 살 수 있는 방법은 없다. '나는 자연인이다.' 같은 프로에 나오는 사람들이 내 눈에는 그들이 말하는 것처럼 자연스럽게 보이지 않는다. 자연인으로 살 수밖에 없는 처지에서 받아들인 고립 상황에 지나지 않는 것으로 보인다. 물론 몇은 그렇지 않을 수도 있겠지만 말이다.

그러니 돈은 벌 수 있을 때 최선을 다해 벌어라. 그리고 살아가는 동안 다 써라. 너를 위해 쓰고 가족을 위해 써라. 죽고 난 다음에 자식에게 쓸 것까지 염려하면 너희 삶이 그만큼 힘들다. 열심히 가르쳐 세상에 내보내면 다 된 거다. 거기까지가 너희들 몫이다. 돈 없이도 폼 나게 살 수 있다는 사람들의 꾐에 넘어가지 마라. 그 사람들처럼 살려한다면 너희들의 인생관과 가치관 가족관까지 모두 바꿔야 된다. 모든 가치관을 바꾸기보다는 열심히 돈 버는 편이 쉽다. 그래서 돈의 주인이 되어라. 너희가 마음껏 부릴 수 있으면 너희가 그들의 주인이다. 얼마만큼 벌어야 하나가 절대 중요하지 않다. 너희가 택한 직업에서 벌 수 있는 최대치가 네 돈이다. 그 외의 돈은 허상이다. 그 허상을 아쉬워하지도 애타하지도 마라. 허상의 돈들이 너희를 지배할까 두렵다. 차갑고 냉정한 이성을 필요로 한다. 내 것이 아닐 때 과감하게 버릴 수 있는 용기가 필요하다. 아버지는 그것에 서툴렀다. 그러면서 절대치가 부족하다고 합리화 시켰다. 그 돈들은 제자리에 있지 않았다. 내 것이 아니기 때문이다.

 그 과정에서 돈 때문에 사람을 잃지 마라. 둘 중 하나를 선택해야 한다면 신중해져라. 무조건 사람을 택하라고 말하고 싶지는 않다. 이 건 동전의 양면 같은 것일 게다. 지나온 세월에서 느낀 것은 사람도 나름의 값이 있다. 평생을 걸어 사귈 사람이 있고, 차갑게 버릴 사람도 있다. 이 또한 너희들 몫이다. 열심히 살 되 내가 행복한 지점이 어디인가를 찾는 것은 돈을 엄청 버는 것만큼 중요하고 어려운 결정이다. 결정을 미루다 둘 다를 잃는 수가 있다.

 돈 얘기가 길었다. 그만큼 중요하기 때문이다. 돈 못지않게 아버지가 중요시하는 것은 평생 책을 가까이 두고 지내는 것이다. 군 생활이 직업인 영설이는 역설적으로 더 귀하다. 사고의 영역이 생활의 영역에 갇히기 십상이기에 하는 말이다. 아버지도 세상을 얘기할 때 직접 보고 듣고 만지고 느낀 것 밖에는 얘기할 수 없다. 살면서 생각하는 것이 확장되어 넓어진다는 것은 행복해지는 삶과 직결된다는 생각이다. 그저 하루하루 살면서도 행복해 질수도 있겠지만 그런 삶은 어쩌면 불행한 삶이다. 불행이 아니더라도 질이 낮은 행복이다. 그러니 가족들 등에 업었다고 핑계대고 엄살 부리면서 시시포스신화처럼 형벌 받듯 살지 마라. 처자식 먹여 살리는 것이 너희들이 이 땅에 태어난 사명의 전부가 아니다. 이 정도는 너희들 둘 다 할 수 있다고 믿으니 아버지는 권한다. 그

위의 삶을 살아라.

영주야, 영설아. 아버지가 살아보니 한 평생은 그리 길지도 않지만 그렇다고 짧지도 않다. 인생을 '일장춘몽' '쏜 화살' 같다는 표현이 있긴 하지만 모든 이에게 적용될 말은 아닌 것 같다. 그러니 잘되고, 잘못되고 하는 일상에서의 일들에 너무 일희일비 하지 마라. 이것 또한 아버지는 잘 해내지 못했다. 아버지가 금방 너희들과 결별하고 세상과 결별할 일이야 생길까만, 어디 살고 죽는 것이 우리 인생들이 맘대로 주무를 대상은 아니고 보면 모든 것이 가볍지 만은 않다. 설령 그런 일이 벌어져도 잠시 아무 일도 하지 말고 해야 할 일의 순서를 정해라. 얼음처럼 차가운 지성으로 돌아가라. 거기서부터 차근히 생각하면 된다.

사랑하는 아들, 영주야 영설아. 꼭 일러두고 싶은 말을 마지막으로 한다.

어쩌면 하찮은 것 같지만 절대 그렇지 않은 일이 있다. 너희들이 어린 시절을 보낸 고향의 들녘을 잊지 않았으면 좋겠다. 아버지가 어린 시절을 보냈고, 너희들이 그 들녘에 있었다. 아버지가 보던 들꽃이, 구절초와 쑥부쟁이, 들국화가 거기 있었다. 사람이 사는 길은 어쩌면 이들 들꽃을 구분하는 일인지도 모른다. 구절초와 쑥부쟁이와 들국화를 말이다. 서향이었던 옛집 마루에서 보이던 붉은 노을, 문득 침몰하던 노을이 너희 눈에 괴여 있었으면 좋겠다. 야트막한 언덕을 오르면 뭐하나 눈여겨 볼 것 없는 들녘이 그냥 사소한 아름다움으로 남아 있으면 좋겠다.

  아버지가 조금씩 늙어가면서 보니, 어떤 날 그런 하잘 것 없는 것들이 늙어가는 남자의 정서를 지배하더구나. 그것이 살아가는 아름다움이라 믿는다.

수필산을 따라 오르며
― 고 박영수 선생을 기리며

　　　　　　　　　어떤 이는 박수拍手 선생이라 하고, 어떤 이는 영수永隨 선생이라고 부른다. 회식자리라도 여러 번 함께 했던 이들은 건달乾達 선생이라고 부르기도 한다. 셋 다 당신께서 스스로 붙인 이름은 아니지만 참 잘 어울리는 이름이라는 생각이 든다.

　어느 하루, 어떤 모임에서였다. 결정해야 할 일이 진척 없이 지지부진했다. 뾰족한 대안은 나오지 않고 회의 시간은 대중없이 늘어졌다. 그날 매듭지어야 할 사안이었기에 다음으로 미룰 수도 없었다. 회의 분위기는 멍석에 널어놓은 목화솜에 소나기 지나간 듯했다. 이 때 선생께서 느닷없이 강단에 오르셨다.

　"내 이름이 박영수인데 가운데 영은 제로니까 없는 거나 마찬가지라 빼고 나면 '박수'가 됩니다. 박수는 우리말로 손뼉이니 처져 있지 말고 손뼉 한 번 힘차게 치고 의논해 봅시다. 뭐 하다보면 답이 나오지 않겠습니까."

일행들의 손뼉소리와 함성이 터지며 순식간에 분위기는 반전되었고 의견이 쏟아져 나왔다. 박수 선생이 탄생하는 순간이다. 선생과 함께 문학 활동을 하며 몇 차례 맞닥뜨린 지루한 회의에서 만난 위기 탈출 장면이다.

 선생께서 수필 창작 강의를 할 때 일이다.

 "내 선친께서 이름을 박영수라고 지어주셨는데 성은 조상께서 내려주신 것이고 영.수 란 '영원히 수필을 쓰라'는 뜻으로 받아들입니다. 그래서 수필을 쓰다 내 삶을 마감하려합니다. 여러분도 동참해 보지 않겠습니까."

 박수와 환호가 터지며 '영수' 선생이 된 것이다. 당신의 이름을 가지고 해학적 해석을 내려 당신께서 의도한 대로 수필 공부의 영원성을 역설하시곤 하셨다.

 건달乾達 선생이라 불리게 된 것 역시 당신께서 붙인 별명은 아니다. 식사와 함께 술이 한 순배씩 도는 자리에서 구성원들은 선생께 건배사 한 줄 해줄 것을 청하곤 했다. 그럴 때마다 마다하지 않고 특유의 재치와 유머로 분위기에 맞는 건배사를 만들어 내셨다. 건배사는 자리에 따라 늘 바뀌었으므로 급기야 '건배사의 달인', '건달 선생'이 되고 말았다.

 먼 길을 떠나시기 여드레 전날 저녁, 선생의 마지막 건배사를 들었다. 늘 그랬듯이 우리는 건배사를 청했고, 선생께서는 자리에서 일어나셨다.

 "오늘은 프랑스 말로 건배사를 하겠습니다. 내가 '마숑'하면 여러분은 '드숑'으로 답하시면 됩니다."

회식자리가 끝날 때까지 '마숑, 드숑'이 여기저기서 터져 나왔다. 그리고 당신은 떠나셨다. 박수 선생, 영원히 수필을 쓰고 사랑한 영수 선생, 건배사의 달인 건달 선생. 내겐 그저 닮고 싶은 스승, 박영수 선생님이다.

당신의 문하에서 수필을 배웠다. 처음 뵌 게 50대 중반이었고 선생께서는 70대 중반을 지나고 계셨다. 오랫동안 손을 놓고 있었던 문학공부를 더 하고 싶어 우연히 찾게 된 자리에서였다. 아니 문학공부라기보다 환갑 쯤 되면 내 얘기를 쓴 책하나 내고 싶었다. 젊은 날 문학에 대한 들끓는 열정은 치기어린 모습으로 나타나기 일쑤였고, 주체할 수 없었던 젊음은 서툰 몸짓까지도 문학을 공부하는 과정으로 포장되던 시기였다. 그렇기는 하거니와 치기가 열정으로 미화되고, 계통도 질서도 뭉개진 젊음 하나는 대학을 졸업하며 막을 내리는 듯했다. 그렇게 30여년이 지나갔다.

그러다 만난 선생의 문하에서 긴 세월은 무색해졌다. 묵정밭이 된 줄 알았던 내 안에 아직 잉걸불 씨가 남아 있음을 선생은 알고 있었던 것일까. 다른 문우들의 습작엔 그저 칭송일색이었지만 내 습작품은 선생이 처 놓은 울타리의 변방을 들어서지 못했다. 나름의 문청시절을 겪었는데, 글로 하찮은 대우를 받지는 않았는데 하는 오만의 덩어리가 불쑥 올라오곤 했다. 늘 문장이 꺽꺽하다는 것이 이유였다. 어떤 때 '이게 수필감이 되기나 합니까.' 라는 말씀은 내게 모욕에 가까웠다. 습작품은 맥없이 변방에서 얼씬거리다 쓰러져 갔다.

언젠가, 몇 편의 습작품 중 한 편을 선생께서 첨삭을 해 메일로 보내오셨다. 내 맘에 영 들지 않았다. 죄다 내 뜻대로 수정해서 다시 보냈다. 이게 사달이 났다. 그 후 선생의 답은 받아 볼 수 없었다. 서너 달이 지나도 선생께서는 눈길도 주지 않았다. 뒤늦게 다시 시작해보고 싶었던 문학의 길을 접을까 마음을 뒤척이던 때였다. '수필적 삶이 뒤따를 때 수필을 쓸 수 있는 것이오.' 라는 선생의 말씀을 이해하는 데는 한 학기가 더 필요했다. 해가 바뀌고 새 학기가 되어 선생의 추천으로 수필문단에 겨우 발을 디뎠다.

등단 후 처녀 수필집을 내고 출판기념식을 할 때, 축사 중의 말씀에서 '두꺼비가 기어 갈 때 같은 형상으로 걷는 뒤태가 평범해 보이지 않았다. 해서 부러 곁을 주지 않았다.'란 말씀을 하셨다. 나도 답사를 했는데 선생께 수필을 배웠지만 문학 이전의 사람의 도리란 걸 배웠다고 말한 것 같다. '수필적 삶'이란 말을 이해하는데 난 4년이 걸렸다. 그리고 당신을 조금씩 알아 갔던 거였다.

선생은 20여 년 동안 애지중지 가꿔온 C대학평생교육원 수필창작 교실을 물러나셨다. 후학에게 그 자리를 물려주기 위함이었다. 지금은 선생께서 하시던 강의를 내가 물려받아 하고 있다. 그러기까지 소용돌이치는 흙탕물의 강을 건너는데

3년의 세월이 흘렀다. 당신께서는 그 3년여를 많이 아파했다. 당신이 긴 세월을 만져 빚어낸 곳이지만 입 밖에 꺼내려고 하지 않았다. 옆에서 지켜보는 내게도 짧지만은 않은 시간이다. 그동안 어느 국경을 넘어 왔는지 풍문만 무성한 역병은 세상을 휩쓸며 지나가고 있었다. 지금도 그 시간은 기막히다.

그 쯤, 선생과 함께 어느 세미나에 참석한 일이 있다. 가야시대의 유적을 둘러보는 여행길에서였다. 멀리 산등성이에 수백 개의 엄청난 봉분이 엎드려 있었다. 선생과 난 나란히 걷고 있었다.

"선생님께서 하시던 수필창작교실 강의를 제가 맡아서 해 보면 어떨까요."

'기회가 되면'이란 말은 망설이다 하지 않았다. 기회는 이미 지나간 후였다. 선생께서는 발걸음을 우뚝 멈추었다. 나를 바라보고 계셨다. 가야시대의 수백 기 봉분이 우리를 둘러싸고 있었다.

"내가 하던 일을 김 선생이 이어가준다면 난 더 바랄게 없지. 그렇게 해 주시게. 그리 해 주시게."

산 능선을 따라 납작이 엎드려 있는 수백의 봉분이 산으로 기어오르는 듯했다. 수세기 전의 가야 땅에 뿌리를 내린 민초들은 저기에 묻혔을까. 그들이 죄다 묻혔다면 봉분은 누가 만들었지. 저 수 많은 봉분을. '아, 속으로 이렇게 아끼는 제

자로 남겨두고 계셨구나.' 그 어떤 날 박수를 당신의 이름으로 유도해 냈듯, 반전 드라마를 쓰고 계셨다. 그러고 보니 선생께서 젊은 날 드라마 작가로 습작시절을 보냈다던 생각이 났다. 내가 30여 년 전 문학의 길에서 방황했듯, 선생께서도 반세기 전으로 거슬러 오르는 그 시절에 시와 극작가의 길에서 방황하고 계시지 않았을까. 그런 당신 눈에 내 모습이 버릴 수도, 당장 취할 수도 없는 당신의 옛 모습을 보고 계셨던 건 아닐까. 당신이 가실 때까지 난 입 밖에 내지 않았다.

그런 때문일까. 시인으로 문단에 나오던 날은 당신의 일처럼 기뻐해 주셨다.

"난 젊은 날 시인이 되고 싶어 신동문 시인께 습작을 여러 편 드렸는데 눈길을 받지 못했어."

몇 년 전, 선생께서 수필창작교실 강의실을 떠나던 날, 조촐한 송별회 자리에서 난 선생께 시를 지어 올렸다. 졸시를 곱게 봐 주시며 아껴하셨다.

"김 선생은 내 속에 들어왔다 나간 사람 같네. 어찌 내 속을 그리 샅샅이 그렸을까. 그 시 내가 소장하고 싶네. 원본 좀 보내주시게."

눈가까지 붉어지신 선생께서 그리 말씀하셨는데 그 시가 숫자 몇 개 바꾸어 다시 선생의 추모시가 될 줄은 정말이지 몰랐다. 며칠 전 '마숑, 드숑'하시더니 뭐가 그리 급해 한 잔 더 하시지 않고, 지금 어디쯤 가고 계신 건지. 먼 길, 그 곳 가는 길엔 주막도 없다던데.

   선생을 추모하며 올리는 시 앞에서 여러 말이 구차하니 난 당신께서 마지막 불길에 드시며 안고 가신 시를 옮겨 적을 뿐.

꽃이여 이름이여
(효송 박영수선생님 영전에 올리는 시)

   무심한 듯 스치며 지나간 숱한 계절, 그 중 어느 핸가 봄날에
   철없이 까불대던 개나리는 저 언덕에 피었던가
   두 발 디뎌 오르던 우암골 수필산에
   수줍은 듯 들꽃이 웃고 있었던가
   그런 당신, 아직은 젊어 발자국 디딘 곳은 깊었고
   등줄기엔 푸른 힘줄이 돋았었지
   한 해 두 해 늡늡한 뿌리로 내려
   꾹꾹 눌러 새겨 쓴 꽃이여 이름이여
   순정을 노래하던 여러 해나 지났구나
   걸어도 걸어가도 도무지 알 수 없는 이 길을
   육십엔 언덕을 오르고 칠십에 마루턱을 디디고 넘어
   이제는 내려, 사랑하는 이 옆에 선 당신
   쓸쓸함도 안쓰러움도 당신 몫은 아니니
   개똥모자 눌러 쓰고 세상을 노래하라
   꽃이여 이름이여, 새겨진 세월이여

새싹으로 심겨진 임들아, 일찍 꽃망울 터져 고개 숙인 임들아

이제 나는 바람결 따라 임들의 뜨락과 마당에 정갈한 나비물로 앉으리니

푸성귀걸랑 내 물을 마시고

흙먼지걸랑 차분히 내려앉아 스치는 바람에 몸을 감아라

우암골 골마다 수필동산 오르는

타박타박 소리 들릴 때 나 깨어 일어나서

임들 오르는 흙먼지 길 위에 나비물로 앉으리니

강의실 앞뜰 자목련아 뒤꼍의 백목련아

임들 가는 길 앞서 까불대지 말고

꽃잎 제 무게만으로 어느 봄 날 뚝 떨어져 간 저 동백을 닮아라

그 때 나는 다시 일어나, 개똥모자 고쳐 쓰고 노래하리, 노랠 부르리

꽃이여 이름이여, 새겨진 세월이여

제자 김정태 재배

평설

염결성의 문학,
한 시대를 증언하는

•

김지헌
문학평론가, 소설가, 수필가

염결성의 문학, 한 시대를 증언하는

김지헌
문학평론가, 소설가, 수필가

1. 문학과 삶의 염결성廉潔性

 세상이 늘 변화한다는 것은, 인간의 생이 유한하다는 것만큼이나 진실이다. 그 진리 속에서 20세기 후반부터 시작한 포스트모던 열풍은 사람살이를 비롯한 온갖 학문과 문화에 다양성이라는 말을 덧붙여주었다. 그간의 획일적 사고와 문화를 강요하던 시절을 생각하면 개별자에 대한 인정과 존중의 의미로는 충분히 환영해야 할 변화였다. 문학작품을 텍스트 삼을 때도 다양성이라는 단어의 그림자에 기대 생각하거나 말하는 것의 자유가 범람했다. 문학도 그 외연의 변화를 잘 활용하면 인간의 삶뿐 아니라 문학의 스펙트럼을 넓힐 수 있는 자유와 사유의 성숙을 기대할 수 있으나, 남용하면 알게 모르게 역사 속에서 쌓아온 보이지 않는 질서조차 무너뜨리게 된다는 사실은 은폐되었다. 어차피 세상은 쌓고 허물며 변증법적으로 흘러간다지만 쌓음과 허묾 사이에서 허우적대는 존재의 슬픔을 간과해서도 안 될 것이다. 어쩌면 문학은 저 변증법적 인간 삶의 진실을 기록하기 위한 방책 중 하나이지 않겠는가.

수필가 김정태가 첫 수필집 『밥과 똥을 생각하며』(2020년)를 출간한 이후 5년 만에 『바람소리』를 상재한다. 그의 수필을 처음 읽었던 때의 느낌을 아직 기억하고 있는 평자는 그가 수필을 통해 자기 역사를 넘어서서 한 시대의 문화와 역사를 쓴다고 생각했다. 그것도 시대와 문학에 대한 고귀한 가치를 지키려는 염결성의 태도를 견지하면서. 이를테면 수필집 『바람소리』에는 그간의 수필이 '붓 가는 대로 쓰는 글'이라는 족쇄를 풀고 자유로를 달려오면서 잊고 있던 어느 부분, 문학으로서 지켜가야 할 어떤 가치가 내재되어 있다. 삶과 문학이 유리되지 않은 사람만이 쓸 수 있는 글을 통해서였다. 바닷물이 짜다는 것을 알기 위해 바닷물 전체를 맛봐야 하는 것이 아닌 것처럼, 그의 수필들을 몇 편만 봐도 작가의 염결성이 드러난다.

인생이란 존재가 처한 실존적 범주에서 그만그만하게 되풀이되지만, 삶을 대하는 주체의 태도와 사유가 다른 의미를 생성한다. 수필집 『바람소리』의 전면을 관통하는 것은, 올곧은 정신세계와 그에 관련한 글들이다. 그의 수필에는 형식은 자유롭되 문학적 격을 이어가려는 내용이 담긴다. 그것은 의도적이기보다는 생래적이거나 오랜 습성으로 갖추어진 자격이다. 행정학을 공부한 그가 몇 개의 선택지에서 끝까지 지켜온 것이 문학이었듯, 그의 정신적 지향점은 평생 문학에 있었다. 문학을 향한 애정이 자연스레 염결성으로 이어진 것일 테다. 문학의 격은 작가의 격이기도 하다.

  수필은 사건적 체험을 통해 세계를 이해하고 해석하는 장르인 만큼, 세계와 부대끼며 훼손된 영혼을 복원해가며 자아의 성숙을 꾀하는 문학이다. 어쩌면 인간이 잘 산다는 것은 진실을 추구하며 사는 것일 테고, 문학 또한 인간 삶의 진실을 말하고자 하기에 그 두 존재는 같은 방향을 향한다. 따라서 삶과 글이 일치하는 글은 감동이 배가하여 공감도를 높일 뿐더러 독자에게 미치는 울림 또한 크다. 시대 따라 작가에게 도덕적 염결성이 결여되거나 해이해지면 자기 문학세계를 지켜가기 어려운데, 김정태의 삶과 글에는 그것을 지켜가려는 문인으로서의 태도가 느껴진다. 그의 글에서 맑고 청아한 이미지와 표현의 절제성을 본다. 비유적으로 세상을 향한 욕망의 글을 쓰기보다는 자기 영혼을 청렴하게 지켜가려는 의도가 읽힌다. 작가가 말한 바대로, '자기 구원'을 향한 글쓰기를 하는 셈이다. 염결성의 삶에서는 절제와 결핍과 인내를 내포하게 되고, 문학에서는 아름다움이 절제되어 있거나 그려내는 세계가 단아하게 펼쳐진다. 그간 수필문학이 힘겹게 달려오면서 잊고 있었던 문학적 염결성을 김정태의 『바람소리』를 통해 환기해 보는 일은 의미가 있겠다.

2. 자기 부정의 경로

롤랑 바르트(Roland Barthes)는 글을 쓰는 작가를 '뭔가 할말이 있는 존재'로 규정한다. 쓰는 행위가 주체가 사랑한 사람들이 이 세계에 존재했다는 사실에 대한 기억과 증언을 위한 것이라면, 사랑하는 이들이 '역사의 허무 속으로' 사라지는 것을 염두에 두어 '불멸화' 작업을 시행하는 것이 글인 셈이다. 역사 이래의 시간성을 사유하면, 의식적이든 무의식적이든 유한한 존재가 흔적을 남기고자 하는 몸부림은 인지상정이다. 한 존재가 어머니의 탯줄을 끊고 세상에 나온 후부터 왔던 곳으로 돌아가기까지의 시간을 그 사람이 살았던 시대라 일컫는다면, 시간의 영속성 안에서의 한 시대는 그야말로 찰나에 불가하다.

그럼에도 불구하고 예술가(인간)들은 저 '영원성'을 담보하고자 작품에 혼신을 바친다. 작가들이 쓰지 않으면 견딜 수 없어 쓰는 게 먼저인지, 저 허무를 감당하지 않으려 쓰는 것인지 선후를 따지거나 그 본질적 차이에 매달리는 것은 별 의미가 없다. 실은 같은 맥락이지만 관점을 달리 해석하는 것일 뿐이다. 이 시대의 작가들이 어디에 속하는지는 그들의 욕망 표출 방법에 따라 다르다. 따라서 예술가들은, 혹은 작가는 순간에 왔다 사라지는 자기 생의 흔적을, 진리의 순간을 포착하여 영원히 남기고자 욕망을 투여하는 존재들이다. 심지어는 현존하지 않는 대상까지 호명하여 쓰면서까지.

작가 김정태는 두 번째 수필집 『바람소리』에서 그가 글을 쓸 수밖에 없는 이유를 한 편의 글로 보여준다.

> 젊음의 한 시절, 문청文淸 시기를 겪으며 지냈다. 저곳부터 여기까지라고 금을 그어 구획할 수 있는 시간은 아니다. 구획되지 않는 그 시기는 고된 노동 끝에 찾아온 몸살 같은 거였다. 그때 왜 아픈지 잘 몰랐다. 으슬으슬 한기를 느끼며 고뿔을 앓게도 하고 신병神病처럼 들러붙어 좀처럼 떨어지지 않았다. 비 온 날 신작로의 낙엽처럼 이쪽을 떼면 저쪽이 들러붙는 꼴이었다. 한 발 내딛는 것이 버거웠고 느닷없는 아린 통증은 대중없이 찾아왔다. 그럴 때 통증의 그 끝에 매달린 언어 몇을 조합해 시를 썼다. 순결한 언어만은 아니었다. 세상이 부글거리는 것만큼이나 내 속도 언제 잦아들지 모르는 초산의 산모 입덧처럼 미식거렸다. 억지로 눌러 앉힌 듯한 70년대에서 부글대는 80년대로 넘어가는 20대 초반이었다.
>
> — 〈내가 글을 쓴다는 것은〉에서

산모의 입덧은 어미의 탯줄에 아이가 안착해야 멈출 수 있으니 작가의 입덧은 글을 쓰지 않는 한 멈추지 않을 것이다. 이름하여 글쓰기는 김정태의 숙명이다. 그가 무당이 되어 스스로를 치유하는 능력을 갖추지 않는 한 글쓰기에서 벗어날 수 없다. 사실 문학에 입문하는 작가들은 모두 저간의 사정들이 있겠으나 김정태의 입문 이유는 훨씬 강력하다. 릴케가 '쓰지 않으면 죽을 수밖에 없을 때 쓰라.'(『문학을 지망하는 청년에게』) 하듯, 그 또한 살기 위해 글을 써야 했다. 쓰지 않으면 자신이 자기를 괴롭히든, 어떤 존재가 그를 흔들어대든 죽을 것 같은 상황을 모면하기 위해서 써야 한다. 제도권 안으로 편입되어 작가가 되지는 않았을지라도 그는 무엇이든 써야 살 수 있는 사람이다. 오죽하면 그간 써온 119편의 시를 불태우고 되돌아서려 했으나 그 밤, 그는 '주검이 된 시를 만지며 진혼곡을' 부르는 자기를 만날까.

그는 자기 파괴를 결심한다. 자기만의 글쓰기를 했던 이전의 방식을 변화시켜야 현실적 존재로 살아갈 수 있다는 판단에서였다. 작가는 말한다. '내가 글을 쓰는 게 아니고, 글을 쓰면서 그 행위로 자신이 변화하는 과정이 필요했다.'고. 그에게 글쓰기는 삶을 변화시킬 만큼의 믿음을 장착한 로드맵이었다. 작가에게 문학은 그런 것이었다. 다만 그 변화의 지점이 문학에서 장르의 문제인가(문학에서 수필은 결핍이었다.), 사상의 문제인가, 쓰는 방식의 문제인가는 독자가 판단할 몫으로 돌린다. 어쩌면 그만의 독특한 글쓰기에서 보편적 글쓰기 방식으로의 전환을 의미하거나 시에서 산문으로의 변화를 뜻하는 것일지 유추할 수 있을 뿐이다. 그렇게 "손톱 밑에 선 홍빛이 배도록 긁어도 시원해지지 않"는 장년의 시기를 지나 이순을 코앞에 두고 수필문학에 발을 내딛는다.

수필가 김정태의 변화는 '지금까지의 가치관 자체가 요동치는 변화'를 거치는 작업이었다. 실로 어렵고 지난한 과정일 테다. 이순을 넘긴 한 인간이 그간 축적한 사유체계와 세상을 향한 시선을 바꿔야 하는 일의 어려움을 우리는 안다. 어떤 주체가 그의 세계를 변혁하는 일은 죽음만큼이나 쉽지 않다. 이전의 자기를 부정해야 가능한 일이기 때문이다. 이제 그는 자기부정을 결심하고 수필 세계에서 그의 언어를 통해 그가 살아온 한 시대의 이야기를 하고 있다. 환원하면 그에게 '글을 쓰면서 달려드는 언어로 다시 생각하고 다시 느끼는 작업'이다. 그가 말한 '괴테와 파우스트'의 관계처럼, 쓰면서 새롭게 사유하고, 그 과정에서 작가는 변화한다. 주객의 위치 전도다. 글이라는 대상을 통해 주체인 작가가 변화하기 때문이다.

그렇기에 작가는 '내 몸에 닿지 않은 것의 질감과 무늬를 그려내기에 내 글쓰기는 여전히 아둔하여 연민을 받아 마땅하다.'는 것을 안다. 몸바꾸기를 시도하며 가는 길에서 글쓰기는 수많은 시행착오를 경험하며 자신을 버리고 정화해 갈 것이다. 그래서일까. 김정태의 수필에서 거친 야생의 이미지를 발견하는 것은 저 이유 때문이며, 그의 수필이 주목되는 아이러니한 지점이기도 하다. 서사가 개연성 있게 주욱 펼쳐지지 않더라도 혹은 내적 구성이 조금 약해도 전체를 읽고 나면 도돌도돌 만져지는 질감의 작품이 살아 있는 이미지를 준다. 수필집 『바람소리』에서도 이런 작품들을 만난다. 사실 〈내가 글을 쓴다는 것은〉도 그런 작품에 속한다. 수필이라고 해서 곱게 빚어진 백자항아리처럼 매끈하고 유려해야만 하는 것은 아니다. 분청의 자유분방함이나 거친 질감의 수필에서 오히려 생동감을 느끼고 아름다움을 발견한다.

3. 감각의 발현과 사유의 통합

인간이 어떤 대상을 통해 감동한다면, 우선하는 것이 오감을 통한 감각 작용일 것이고, 거의 동시에 감성적 지성도 발현될 것이다. 칸트의 지식론(인식론)에서 감성은 '외부로부터의 모든 감각적 작용을 받아들여, 지금 여기서라든가 아까 거기서라는 식으로 시간적·공간적으로 정리하는 능력'을 말한다. 따라서 감성은 생각하는 힘인 지성에 소재를 제공한다. 인간의 감각기관 중에서도 시각과 청각은 가장 많이 사용되고 문학은 물론 모든 예술 분야에서 중요하게 작용한다(졸저 『수필쓰기의 고뇌, 자조의 스펙트럼』에서 일부 인용). 그렇다면 몸은 오감의 감각 작용을 정직하게 발신하는 장소이고 지성은 그것을 수신하여 작품을 탄생시킨다. 오감을 통한 몸의 반응을 소재로 삼는 것은 시뿐만 아니라 수필에서도 좋은 소재로 작용한다. 소리를 듣고 눈으로 응시하고, 혀로 맛을 보며 온몸으로 감촉을 느끼는 순간의 표현은 솔직하고 순수하여 주체의 지적 성찰과 결합하여 글쓰기의 보고가 된다.

두 번째 수필집을 묶는 작가는 '타인을 위해 글을 쓰지 않는다. 그가 쓰는 것은 직접 본 것, 보고 무늬로 느낀 것, 만질 수 있었던 것, 그 질감을 쓰고자' 한다. 작가가 원하는 것은 그의 언어를 통해 자기를 구원하는 글을 쓰는 일이다. 그런 이유로 자기의 경험을 객관적 형태로 전환하기를 주저할 때도 있으며, 가능한 주관적 느낌을 살려 쓰고자 한다. 작가들이 자기 개성을 통해 자기 스타일을 구축하듯이, 김정태의 수필집 『바람소리』에도 그의 개성이 돋보이는 이미지즘적 글쓰기가 종종 등장한다. 시적 이미지와 서사가 혼용된 작품들은 독자의 감성을 자극하고 자칫 서사의 논리성으로 건조해지는 위험에서 벗어날 수 있다. 시인이기도 한 작가는 시와 산문의 혼용된 글쓰기를 시도한다. 서사에 감각적 이미지가 입혀지면 아름다운 심상으로 서사의 품격이 달라진다. 〈내가 글을 쓴다는 것은〉에서 말한 바대로 그의 수필 중 다수는 '시에 그 뿌리가 닿아' 있다. 이를테면 전통적 수필의 전개 방식이나 구성을 해체하여 대상의 보편적 의미를 바꿔버린다. 수필은 문득 찾아온 감성에서 발현하여 서사의 논리성으로 발전하는 산문이다. 김정태의 수필에는 저 논리성으로 나아가는 과정에 '제 몸을 보이지 않거나, 뒤태를 보이지 않는' 시의 구성을 연계하는, 즉 수필에서의 익숙한 서사 전개 방식을 배반하는 것이다.

    바람이 봄 꽃잎들을 데려가 흙에 재운다. 더러는 바람을 기다리지 않고 스스로 흙과 포개지기도 한다. 꽃잎이 그들 삶의 끝을 바람에 맡길 때, 꽃잎은 생의 절정을 맞는다. 장엄하되 소란하지 않고 기시감旣視感이 들되 늘 새롭다. 바람에 꽃잎이 지는, 생애의 끝이 절정이라니 무슨 역설인가. 찬란한 꽃잎의 죽음 의식, 풍장風葬이다.
    매화나 벚꽃은 생의 끝을 바람에 맡긴다. 가지에 붙어 있다가 자신의 몸에 남은 마지막 온기를 바람에 실려 흙으로 돌아가는 것이다. 낙엽도 때가 되면 흙으로 돌아가지만 꽃잎의 처연한 느낌과는 다르다. 꽃잎 곁을 스치는 요란하지 않은 바람소리는 차라리 처연한 만가輓歌로 들린다. 이때 꽃잎은 데려가 줄 바람을 순하게 맞이한다. 순간의 이런 풍경의 끝은 여리고 애달프다. 이화梨花도 그러하고 연분홍 도화桃花가 그러하다.
    (중략)
    이렇게 꽃잎이 질 때, 나는 누군가를 불러내고 싶은 충동을 느낄 때가 있다. 하지만 이럴 땐 차라리 혼자서 외로움

을 즐기는 것이 좋을 듯하다. 살아있는 모든 삶의 끝은 외
롭다. 그렇다고 슬픈 외로움만은 아니다.
―「풍장」에서

 꽃잎이 떨어지는 게 아니라 흙이 꽃잎을 받아 재운다. 일상적 묘사의 뒤틀림을 통해 대상의 이미지를 바꾸고 서사를 변환한다. 주체인 꽃잎이 떨어지기보다는 받아주는 흙이 주체성이 강하다. 주체와 대상은 언제든 달라질 수 있다는 작가의 열린 시각이다. 따라서 땅과 꽃잎은 서로 주체의 위치에서 흐릿해져 '자기'라는 의미가 희석된다. '꽃잎과 땅'이라는 '너와 나'가 중도中道에 걸쳐있다. 그 때문에 꽃잎은 생의 절정을 장엄하되 소란스럽지 않게 맞는다. 존재의 순리, 태어나고 존재하다 소멸하는 이치를 어떤 대상이나 같이 보는 확장된 세계다.
 중요한 것은 그것을 응시하는 작가의 시선이고, '기시감'이다. 기시감은 익숙한 데에서는 오지 않는다. 오히려 낯설고 약간은 두려운 무엇에서 오는 것이니 인간의 첫 경험에서 오는 느낌이다. 따라서 매번 봄이면 꽃이 피고 지는 과정이 반복되지만, 새로운 눈으로 응시하는 작가의 눈에는 모두 다른 느낌의 봄이고, 다른 꽃이 된다. 어느 해 봄이든 각기 다른 감각으로 꽃을 맞기에 온몸이 반응하는 기시감이 온다. 매 순간을, 살아있는 감각으로 맞으며 지금 여기에서 사는 의미

를 잃지 않음을 보여주는 것이다. 그가 바람 소리를 꽃잎을 보내는 만가로 듣는 감각을 가질 수 있는 이유다.

시적인 이미지로 시작한 수필 「풍장」의 말미에는 작가가 하고 싶은 말 '죽음'의 형태가 등장한다. '삶이 아름다운 것은 그 끝에 죽음이 있기 때문'이라 생각하는 작가는 꽃들(대상)이 '문득 지는 것은 아쉽고, 추레한 모습으로 오래 버티는 것은 추하다'는 관점을 보인다. 봄날, 피었다 지는 꽃잎의 순장처럼 작가가 죽음에 순해지길 염원하는 것은, 죽음이라는 순리를 따르고자 하는 바람이고, 무릇 인간의 염원이기도 할 것이다. 표제작인 「바람소리」, 「냄새와 풍경」, 「노을이 있던 자리」, 「그냥」 외의 몇 작품은 이러한 감각을 작동하여 쓴 글이다. 「풍장」은 인간의 신체인 감각기관을 통해 감성을 일으켜 세우는 미적 감각을, 대상과 주체를 하나로 통합하는 열린 사고의 글쓰기를 보여준다. 아름다움을 응시하는 서정과 사유의 저장고를 열게 하는 작품이다.

4. 수필과 글쓰기의 유희성

롤랑 바르트는 글쓰기 자체도 쾌락의 행위로 보는데, 문학작품은 단지 내용을 전달하는 수단만이 아니라 언어의 몸짓과 리듬, 욕망과 유희가 섞여든 하나의 '몸'처럼 존재한다고 본다. 따라서 '쾌락의 텍스트(texte de plaisir)'와 '황홀의 텍스트

(texte de jouissance)'로 분류가 가능해진다(『텍스트의 즐거움』). 여기서 그는 독서행위와 텍스트와의 관계를 감각적·쾌락적 차원에서 새롭게 사유하여 글쓰기의 유희성을 보여준다. '텍스트를 읽는다는 것은 그것과 사랑에 빠지는 것'이기 때문이다. 이때의 쾌락은 의미와 감각, 감정이 교차하는 복합적인 경험을 일컬음은 당연하다. 김정태의 수필 「그해 여름날의 칸나」를 따라가 보자.

> 이웃에 위치 해있어 자주 찾는 학교 운동장 가장자리의 벤치 하나는 나의 시간과 당시의 정서가 포개진 곳이다. 많은 시간이 그곳에서 나를 훑으며 지나갔다. 둘러붙은 듯 눌려진 시간은 나를 스칠 때 헐거워졌다. 그런 시간과 사위의 풍경이 만들어내는 휘어진 정서는 화단에 피어있는 칸나를 바라보고 있었다. 칸나는 한낮의 열기에도 주눅 들지 않고 대궁을 곧추세운 채 발갛게 발기되어 어둑해지는 사위를 다스렸다. 노을이 힘을 잃어갈 때쯤 칸나의 붉음은 대상 없는 욕정을 발산하고 있는 것만 같았다.
> ―「그해 여름의 칸나」에서

막상 이 수필을 텍스트 삼아 시작하였으나 작품에 대한 해설이나 평론의 의지보다는 수전 손택이 말한 "예술을 지나치게 설명하려 들지 말고 느낌으로 먼저 받아들여라"(『해석에 반대한다』)는 내용이 먼저 떠오른다. 이미지와 감각 중심의 글은 '무엇을 말하는가'보다 '어떻게 존재하는가'가 더 중시된다. 이때 '어떻게'에 해당하는 형식은 작품의 존재 방식 그 자체로 보아야 하기 때문이다. 그럼에도 불구하고 좀더 나아가 보자. 최소한 독자가 읽을 수 있는 컨텍스트(connext)는 준비해줘야 하지 않는가.

작가는 대학을 졸업하고 몇 번의 언론사 시험을 거쳐 그보다 더 많은 신춘문예 응모를 하였건만 모두 낙방한 모양이다. 그 후 안쓰럽게 상처만 키워가고 있었으니까. 아마 신학교 편입 원서를 휴지통에 구겨 넣은 걸 보면, 그 방향의 진로를 생각하고 있었던 듯하지만 밤새 시를 쓰던 작가로서는 선택지가 아니었다. 혼돈의 나날 속에서 자신을 쉬며 들여다볼 수 있는 장소가 학교 운동장의 벤치였다. 그곳에서 만난 대상이 붉게 핀 칸나였다. 피처럼 붉은 칸나는 자기를 투사하는 대상이면서 동시에 욕망이 꿈틀대게 하는 여성이기도 했다. 칸나를 보면서 그는 자기의 결핍이 무엇인지 생각했다. 그의 결핍에서 정신과 육체는 동일선상에 있다. 이런 사유는 어떤 존재가 자기를 투영하거나 동일시하는 대상이 자연으로 이행되었을 때 일어나는 것이다.

수필에서도 성적 욕망을 상징화하여 표현하는 작품이 가끔 등장한다. 그 작품들은 비유적으로 쓰거나 작가가 대상과의 거리 조절을 통해 성공하기도 하고, 서툰 구성이나 보여주기에 그치는 것으로 끝나기도 했다. 하지만 「그해 여름의

「칸나」는 작가의 청년 시절의 고뇌와 절망과 사유를 담아 작가의 생에서 평생 잊히지 않는 풍경을 담아낸다. 풍경에 대한 인식론은 다양하게 존재하지만 가라타니 고진은 문학사의 일면으로 가져와 인간이 자연을 풍경으로 전환하고자 했던 것의 이면에는 '타율적 귀소 의식의 거부'가 깔려 있다고 본다. 예컨대 작가가 처한 당시의 현실에서 외부의 강압으로 자기 삶의 가치나 지향성을 바꾸고 싶지 않은 심리에서 김정태의 '칸나와의 풍경'이 나오는 것이다. 작가가 학교 운동장 벤치에서 바라보는 '칸나'는 출구를 찾지 못한 한 인간의 고뇌와 결합하여 더 선명한 풍경으로 탄생한다. 따라서 그때의 풍경은 칸나라는 '자연과 작가의 인식론적 기능이 감각 대상을 포섭함으로써 생기는 인간과 자연의 종합(칸트)'이다. 이 풍경은 작가의 감각 작용과 출구 없는 욕망들이 섞여 해인처럼 남는다.

작가에게는 '가장 값진 풍경이었으면서도 이제 헐겁고 흐릿한 풍경', '빨간색의 결핍이어서 빨간 꽃을 피우는 칸나'와 '결핍투성이의 스물일곱의 욕망'은 서로 충돌하면서도 겹치고 몸을 바꿔 서로를 부양하며 긴장감을 유발한다. 그러한 글쓰기의 유희성 속에서 독자는 존재의 진실 찾기를 시도하게 된다. 작가는 말하되 숨기려 하고, 독자는 숨은그림 찾듯 찾아야 하는 텍스트다. 작가가 말한 바대로 인생에서 말하여질 수 없는 것을 쓰기 때문이다. 다만 풍경으로 기억된 것을 끄집어내어 쓰고 있다. 감각의 서사는 일상언어를 넘어서야 미학적으로 성공할 수 있다. 말로 할 수 없는 이야기를 글이, 문학이 하고 있다. 신체적·감각적 교감이야말로 예술(문학)이 주는 가장 크고 직접적인 아름다움이고 가치이다. 인간은 사유의 아름다움을 발견하기도 하지만 감각적 진실에서도 아름다움을 발견한다. 본래 인간의 감각은 사유(생각)보다 먼저였고, 훨씬 더 직관적이고 진실하다. 진실은 진짜가 아니라 '존재의 드러남'(하이데거)이다.

문학에서 형식은 단순한 외형적 틀만을 말하는 게 아니라 주제의 표명방식이나 언표의 배치 방법, 내용의 구성 등으로 작가의 스타일로 말해지는 총체성을 획득한다. 그중 어떤 기능을 어떻게 활용하고, 변용하느냐에 따라 문학성을 부여받을 수 있고, 혹은 그렇지 못하게 된다. 사실 고급 독자일수록 편안하고 익숙한 의미와 구조 안에서 문학을 즐기기보다는 문법을 파괴하거나 언어적 충격과 혼란을 경험하며 '파열'과 '익숙함의 해체'가 일어나는 글에 대한 열망도 가진다. 자기의 세계를 뒤흔드는 문학을 만나 자기 세계를 변혁하고 싶은 욕망을 가지기 때문이다. 시나 소설에서 가능한 황홀한 읽기가 수필에서는 불가하다고 단정하지 말자. 완전하진 않으나 「그해 여름의 칸나」에서 그 가능성의 실마리를 언급했다. 글쓰기의 형식에서 좀더 자유로운 틀을 활용할 때, 그때 파생되는 미감이다.

5. 들판, 그 향유의 '장소'

 공간은 인간의 삶을 충족시키는 가장 기본적 요소다. 공간 없는 삶을 상상이나 할 수 있겠는가. 그런데도 우리는 자신이 머무는 공간에 익숙해지면 의미 부여를 하지 못한다. 날마다 오르내리던 층계의 벽 색깔이 어느 날 눈에 들어와 놀라는 경험을 하는 것처럼, 일상에 매몰되어 감각을 누리지 못한다. 공간은 시간과 함께 근대적 사유의 핵심 대상이며 문학작품에서도 다양한 층위에서 연구 대상이 되어왔다. 물리적 실재인 공간에 주체의 감각적 느낌을 통해 애착과 의식이 더해지면 이 공간은 특별한 의미가 생성하는 '장소'가 된다.

 수필 「노을이 있던 자리」는 이러한 장소에 대해 감각적 이미지는 물론 깊이 있는 사유가 깃든 작품이다. 작가는 유년기를 지나 학교를 마치고 고향을 떠날 때까지 들녘이 있는 고향 집에서 살았다. 해 설핏해질 무렵 마루에 앉으면 '봉분 두어 개가 보이는 야트막한 앞산'이 보이고, 보랏빛 쑥부쟁이가 넘실대는 풍경과 마주하는 곳이기도 하다. 사위어가는 해를 바라보는 풍경에서는 대체로 외로움과 쓸쓸한 느낌을 받게 되지만, 들일 나가신 어머니를 기다리는 소년에겐 성숙의 시간일 테다. 혼자 있어야 하는 외로움과 어머니를 기다리는 그리움이 혼융된 상태에서 소년은 청년으로의 발돋움을 했을 터이고, 이때 일어나는 감각 작용과 사유가 그를 한층 성숙하게 했으며 글을 쓰게 하는 추동력을 더해주었을 것이다. 그래서 그는 이 작품 끝에서 '내 초라한 글들의 시원이 여기서 발원'한다며, "내 영세한 글들이 이어지는 마디마다 노을에 잇닿아 있다. 노을이 있던 자리에 홀로 서지 못하는 내 가난한 글들에게 연민을 얹는다" 고백한다.

어디 그뿐이랴. 미래의 진로를 결정해야 할 중요한 시기인 20대의 한때에 그는 노을을 보며 많은 시간 동안 숙고했다. "그때의 날들이 노을과 함께 물들고 노을과 같이 침몰하는 저녁을 맞이했던 기억"이라면 노을을 볼 수 있는 저 공간은 김정태가 감각하고, 즐기고, 사유하고, 누렸던 향유의 '장소'가 된다.

> 이때쯤 따가운 햇살 아래서 딱정벌레처럼 땅바닥에 들러붙어 밭고랑을 오가던 아낙들이 억새처럼 흔들리며 일어서곤 했다. 머리에 쓰고 있던 무명 두건을 벗어 땀을 훔치며 일렬로 밭고랑을 나올 때, 너풀거리는 억새의 수염과 무명두건은 구분할 수 없었다. 그렇긴 하지만 흐릿해진 내 눈 안에 그려진 풍경은 순결하고 경건한 그림으로 각인돼 있다. 난 한평생 그만큼의 경건 속에 들어가 보기는 했던가. 아낙들이 밭고랑을 나와 언덕 쪽으로 들어설 때, 이미 바닥에 늘어진 아낙들의 그림자는 산그림자와 겹쳐 지워졌다. 이런 그림에서 설핏한 가을 햇살은 왜 그리 서늘한 풍경으로 남아있는 건지. 어둑해지는 들녘에서 아낙들을 멀리 두

고, 나도 집으로 발걸음을 되짚으며 찔끔 눈물이 흘렀던가.
―「노을이 있던 자리」에서

우리가 지나간 시간을 돌이켜 어떤 기억이나 이미지를 떠올리려 할 때, 퇴색했거나 소실된 기억을 어렴풋이나마 이어주는 것은 한때 그곳에서 보냈던 공간이다. '공간은 어떤 방법에서는 그것이 인격화된 추억과 희망으로 채워지고 그 관계가 공간을 보거나 경험한 사람에 따라서 하나의 현실로 느껴진다'(폴 리쾨르). 우리의 기억을 생생하게 하는 것은 시간이 아니라 공간이며, 공간의 의미가 개인적인 인식 가운데 시간의 의미를 넘어 우세하다는 것을 우리는 종종 체득한다. 특히 작가들에겐 더욱 종종 있는 일이다. 작가의 기억에서 소환된 저 들판이라는 장소는 지나간 시간의 추억을 불러오고, 생동감 있는 삶으로 변환한다. '순결하고 경건한 그림으로 각인'된 들판의 풍경은 개인 혹은 우리에게 주관적 사연이나 역사가 구체적으로 요동치는 공간이 된다. 따라서 그에겐 맥없이 스치는 일회성의 들판이 아니라 삶의 총체성 안에서 의미를 던져주거나 스치는 계기가 된다. 작가는 '난 한평생 그만큼의 경건 속에 들어가 보기는 했던가'를 되물음으로써 그의 주관적 경험이 구체적으로 생동하는 장소와 만났고, 특별한 체험의 공간이 되었음을 보여준다.

"딱정벌레처럼 땅바닥에 들러붙어 밭고랑을 오가던 아낙

들이 억새처럼 흔들리며 일어서곤 했다. 머리에 쓰고 있던 무명 두건을 벗어 땀을 훔치며 일렬로 밭고랑을 나올 때, 너풀거리는 억새의 수염과 무명두건은 구분할 수 없었다." 이 풍경을 보는 순간의 감동을 작가는 흐릿해진 눈이라는 표현으로 일갈한다. 심연에 각인된 이런 경험의 공간을 만났을 때 삶의 희열과 함께 가치를 새롭게 인식하는 느낌을 내면의 작용으로 올라오는 '눈물'로 표현한다. 자연이나 일상의 삶에서 전율 이는 경험은 숭고함을 불러일으킨다. 수필집 『바람소리』에는 이런 경험의 세계를 재현하며 문학적 의미를 구축하는 수필을 여러 편 만날 수 있다. 이를테면 「그 들판에 다시 서 보니」에는 "늘 바라보던 그 들판의 가을 들녘은 시리도록 서럽게 느껴졌고, 서러운 만큼 깊게 각인되는데 세상의 아름다움이나 추함을 거기에서 찾을 수는 없"다 한다. 작가에게 들판은 숭고한 노동의 현장이면서 존재의 서러움을 품어주면서도 순결하고 경건한 무엇을 잃지 않는 이상향의 '장소'였다. 세상의 희로애락을 받아주면서도 그와는 무관한 말간 얼굴의 들판이기 때문이다. 둘이지만 하나의 형상, 즉 불이(不二)다. 순수한 유년의 그가 무구하게 자신을 던져 누렸던 공간, 밥벌이로 고단한 속세에서 도피처로 뛰어들던 고향의 들판은 작가 김정태가 자기를 온전하게 누리던 향유의 '장소'였다.

  어떤 장소는 '인간의 자유와 실재성의 깊이를 확인하는 방식'(하이데거)으로 인간을 위치시켜 주기 때문에 장소를 잃은 인간은 자신을 확인할 방법을 상실한 자이기도 하다. 그들은 불가피한 관념을 자신의 자유로 믿고 살아갈 수밖에 없다. 따라서 작가 김정태의 '노을 지는 들녘'이라는 공간은 현실에 존재하기도 하기만 그의 실재성과 만나는 '장소'이기도 하다. 하여 언제든 열어둔 감각으로 같이 살게 되는 존재론적 장소다.

6. 깊은 그리움의 시학, 제망매가

생사의 길은/ 여기 있으매 두려워하고/ 나는 간다는 말도/ 못다 이르고 갔습니까
어느 가을 이른 바람에/ 여기저기 떨어지는 잎처럼/ 한 가지에 나고/ 가는 곳을 모르는구나
아, 미타찰彌陀刹에서 만날 나는/ 도를 닦으며 기다리련다
—「제망매가祭亡妹歌」

『삼국유사』에 나오는 「제망매가」다. 죽은 누이를 그리워하며 제를 지내는 화자의 심중이 절제되었음에도 애절하게 전해온다. 김정태의 수필 「나는 외로워지면 불을 지핀다」를 읽으며 시종일관 저 '제망매가'를 떠올렸고, 작가의 삶과 문학에 대한 이해를 넓힐 수 있었다. 고등학생인 그가 병을 앓고 병원에 입원하여 죽으로 연명할 때, 시골에서 누이가 날마다 점심을 날라다 주었다. 그때마다 누이는 목단꽃이 그려진 원

피스를 입고 있었는데, 오히려 작가는 매일 그 옷만 입고 오는 게 싫었다. 그래서 "전날의 빈 밥통을 내밀고 가져온 밥통만 뺏어 들고 휙 돌아서기 일쑤였다. 밥통만도 못한 열여덟 살의 밥통이었다." 이제는 현실에 존재하지 않는 누이를 떠올리면 '그때 누이가 입었던 옷의 목단꽃이 잊히지 않는'다. 목단꽃은 누이였으니까.

> 누이는 숨을 거두기 전에 말했다고 했다. '정태가 쓴 책 함께 보내줘. 아파서 다 읽지 못했어'라고. 매형이 내 수필집을 누이의 문갑 속에 넣어 소대에서 불을 붙일 때, 나는 누이의 목단꽃이 그려져 있는 원피스를 넣고 싶었다. 늘 같은 옷만 입고 밥통을 들고 교문 앞에 서 있는 모습이 싫었는데, 그래서 툴툴댔는데, 이제 와 목단 꽃무늬 원피스를 입은 스물셋 누이가 그리 고와 보이는지. 뿌예진 눈앞 불꽃 안에서 누이는 타지 않고 사뭇 서 있었다.
> ─「나는 외로워지면 불을 지핀다」에서

오랜 투병 끝에 영영 떠난 누이를 향한 동생의 마음은, 누이가 병을 앓는 동생을 위해 죽을 들고 한나절 가까이 걸어 병원으로 향하던 마음과 등가적이다. 그런 누이는 숨을 거두며 동생의 책을 같이 넣어달라 유언한다. 아픔을 견디느라 그토록 사랑하는 동생의 수필집을 다 읽지 못했다. 누이의 문갑을 소지할 때 작가는 목단꽃 원피스를 함께 넣어주고 싶었다. 그래야 누이를 보낼 수 있을 테니까. 목단꽃 원피스는 누이를 상징하기도 하지만, 작가의 결여이기도 하다. 자신이 처한 현실적 불만이 뒤틀린 저항이 애꿎은 스물셋의 누이가 입은 목단꽃으로 향했다. 그런 누이이기에 한없이 후회스럽고, 그립고, 아파서 쉽게 잊히지 않을 것이다. '불꽃 안에서 누이는 타지 않고 서 있'다는 것은 상심과 애도가 쉽게 종결되지 않는다.

누이를 향한 작가의 애도는 '상실한 대상을 영원히 떠나보냄으로써 그로부터 리비도를 철회한다'(프로이트)는 소극적 애도가 아니다. "상실한 것과 작별하기가 아니라 그것과 함께 머물기" 즉 '상실한 대상과의 관계 재설정'이라는 적극적 의미의 애도다. 이는 '애도의 절대적 평등성, 그리고 종결 불가능성'(주디스 버틀러)으로 연결된다. 최소한 작품 내에서는 그리 읽힌다.

> 문득 홀로임이 떠오르면, 난 내가 사는 촌가의 마당 한 편에 불을 지핀다. 거기엔 늘 목단꽃 원피스를 입은 누이가 불꽃 속에 있고, 내 첫 수필집이 누이 손에 들려 있다.
> "내 책 다 읽었어?"
> 생전의 누이에게 말했듯,
> "아직도 못 읽었다고?"
> 생전의 누이에게 툴툴거리듯, 난 불을 지피며 또 누이를 다그친다.
> ─「나는 외로워지면 불을 지핀다」에서

누이에 대한 그리움을 피동적으로 그리지 않고, 저토록 그리움을 수행하고 그리움의 리듬으로 살며, 심연처럼 깊은 경계에서 누이를 떠올리는 작가의 웅숭깊은 행위에 사람이라는 존재를 다시 생각한다. '슬픔을 공부하는 슬픔'의 시대, 혹은 그리움을 배워야 하는 시대에 넘치도록 따뜻해서 가슴 일렁이는 그리움이나 그런 슬픔이라면 사람을 더 사람답게 해주지 않겠는가. 배울만한 가장 소중한 것이자 배우기 가장 어려운 것이 타인(나를 제외한)의 슬픔이고, 그리움일 테니까. 사실 애도의 본질은 상실한 것과 작별하는 게 아니라 그것과 함께 머물기 위함에 있다는 버틀러의 말은 「나는 외로워지면 불을 지핀다」에 제격이다. 누이에 대한 애도 상태를 유지하는 작가의 윤리적 태도는 그동안 애도를 끝내야 한다고 생각하던 통념과는 다른 의미를 지닌다. 청년의 김정태가 누이를 보내고서야 과거에 대한 회한을 느끼듯, 삶의 가치는 죽음과의 관계 속에서 맺어지기도 한다. 지금, 가장 슬프고 애통한 장면이 오히려 누이가 가장 예뻤던 젊은 날의 모습이라니! 생사의 관계 속에서 인간이 만들어내는 아이러니다.

과거에 있었으나 지금은 없는 누이의 상실을 저토록 슬퍼할 줄 아는 사람이라면, 그것을 소중히 여기고 이어가는 것이 그리움을 지켜가는 것임도 알고 있을 것이다. 어쩌면 가슴을 지닌 인간만이 가지는 특별하고도 아름다운 세계일 테니까.

7. 깊은 그리움의 시학, 사모곡

　작품을 통해 알게 된 작가 김정태의 가족 사랑은 남다르다. 그것은 그의 삶이 염결성과 무관하지 않은 데에서 출발하고, 작품으로 이어지기 때문일 것이다. 그의 작품에는 가족은 인간에게 사랑을 나누고 확인하는 기초적 삶을 배우고, 사람의 도리(윤리 감각)를 실행하는 원천적 장소임이 드러난다. 누이에 대한 그리움이 현실을 초월하여 드러나듯이, 어머니와의 그리움 또한 심연 깊은 곳에 머물러 있다. 그가 가족 이야기를 할 때는 그립고 안타까워서 늘 서성이는 주체로 서 있는 이유이다. 당연하게도 사랑이 많은 이가, 그리움이 많은 이가, 더 아프고 절망하고 더 많은 눈물을 흘리기 때문이다.

　김정태의 어머니를 향한 그리움은 살아계실 때도 여전했다. 수필 「어머니, 이제 말씀 좀 해주세요」의 어머니는 현실에 존재하나 정신은 온전하지 못해 함께 말을 나누거나 마음을 전하지 못한다. 한 생을 살아오는 동안 어머니의 이런저런 마음과 행동을 보아왔는데, 그 당시 왜 그랬는지를 묻지 못했던, 가슴에 묻어둔 이야기들이다. 작가는 어머니가 살아계시니 감꼭지 닮은 유두를 통해 '무선으로 기별을 받을 수 있'다 하면서도 그런 자기 마음을 어머니께 직접 전하지 못하는 안타까움을 이 글에서 전한다.

어머니 이제 말씀 좀 해주세요. 날이 저물면 저녁밥 차려놓고 기다리던 젊은 엄마를 이젠 내가 기다릴 수 없어요. 시간은 자꾸 가는데 그 시간에 저항해 볼 힘이 나에게는 없어요. 당신이 아무리 우겨도 막내 나이가 예순을 훌쩍 넘어갔어요. 머리가 허연 내가 막내라고요. (중략) 내게 한 가지 보태진 것이 있다면 전에는 보이지 않던 아름다움이 느닷없고, 벼락 치듯 눈에 들어온다는 거여요. 지금 당신의 모습에서 얘기로만 들었던 시집오던 날의 당신 모습을 읽어낼 수 있단 말입니다 어머니.

그러나 그 아름다움을 말할 때, 문득 세상의 더러움이 생각나서 치가 떨려요. 그렇다고 더러움을 세상에 말할 때는 아름다운 것이 생각나 안으로 집어넣고 스스로에게 연민을 얹을 뿐 다른 것은 할 수가 없어요. 내가 말할 수 있는 것들은 나의 한계를 넘어서 있거든요. 어머니도 혹 나와 같은 이유로 말씀을 안 하고 계신 건가요. 어머니가 말할 수 있는 한계를 넘어서기에 침묵하고 계신 건가요. 그래도 어머니, 이젠 말씀 좀 해주세요.

어머니, 어머니는 아직 살아계시잖아요.
— 〈어머니, 이제 말씀 좀 해주세요〉에서

작가가 어머니께 묻는 것은 '젊은 날의 엄마가 내 잔꾀를 알면서도 모른 척해주신 일', '세상을 떠난 고운 이마와 긴 머리카락의 딸을 찾아 헤매다니던 일, 돌도 지나지 않아 떠난 첫 아이를 기억하는 일', '시동생이 지고 온 나뭇단에 꽂힌 진달래꽃을 보며 예쁘다 눈물 짓던 일', '형이 떠나던 날, 기절하고 까무러치면서도, 거덜 난 가슴을 움켜쥐면서도 아닌 척하셨던 일'들이다. 돌이킬 수 없는 회한의 상처를 어떻게 말하고 물을 수 있을 것인가? 한편으로 예순이 넘은 작가는 '날이 저물면 저녁밥 차려놓고 기다리던 젊은 엄마를' 마냥 기다릴 수 없다면서도 그 시간이 준 지혜를 체득했음을 고백한다. 흰머리가 늘어가는 동안 인간이 살고 죽는 이치를 깨달은 그는 아름다움을 볼 줄 아는 혜안을 얻었고, 어머니의 삶에서도 아름다움을 볼 줄 아는 아들이 되었다. 고통과 슬픔이 많아도, 즐거움과 기쁨이 많아도 사람의 생에는 아름다움이 존재한다. 사람이고, 문학이라면 그래야 할 것이다. 작가는 인생의 보편적 아름다움에서 어머니를 향한 개별적 아름다움을 발견한다. 그 때문에 지금 사위어가는 어머니 속에서 시집오던 날의 젊은 어머니 모습을 볼 줄 안다. 과거에 눈으로 보지 못했던 것조차 이제 마음으로 보게 된다.

그는 아름다운 것을 말할 때는 더러움이 생각나 치가 떨리고, 더러움을 말할 때는 아름다운 것을 자기 안으로 감춰 스스로 연민한다. 작가가 하고 싶은 말은 '말할 수 있는 것들은 자기의 한계를 넘어서 있기' 때문이다. 저 한계는 인간이기에 지켜가고 싶은 무엇을 위해 인내하는 침묵이라는 것이다. 작가는 어머니도 같은 이유로 침묵하셨느냐고 묻는다. 결국 어머니가 침묵했던 순간의 일들에 대해 작가도 이해하고 공유할 줄 아는 세월을 살았다. 다만 어머니는 살아계시니 대답해 달라는 글이다. 어머니에게서 듣고 싶다는, 어머니의 말을 듣고 싶다는 간절한 소망이다.

결국 어머니가 침묵한 것은, 눈으로 보이는 것을 보되 '말할 수 없는 것은 말하지 말라'(비트겐슈타인)는 것으로, 말해서는 안 되는 것, 말할 수 없는 것, 말하는 순간 의미가 사라져버리거나 변하는 것이기도 하다. 인간사에서 선대의 어른들은 그 순간의 인내를 통해 자신을 담금질하며 사람살이의 품격을 지키며 살았다. 어머니로부터 이어진 삶의 염결성이 김정태라는 작가를 배태했을 것이다. 현실에서는 넘쳐나는 말의 자유가, 방종이 오히려 폭력성으로 변한 세상이다. 그래서 더욱 김정태가 어머니에게 '말씀 좀 해달라' 애절하게 속삭이는 것을 보면서 그가 지닌 내면의 아름다움을 짐작할 수 있다. 아들과 어머니가 공유하는 비밀, 묻고 싶은데 묻지 못한 말들을 담아두고 이제 어머니를 떠나보내야 하는 작가의 마음이 애틋하게 읽혀 깊은 공명을 일으키는 작품이다.

수필집 『바람소리』에는 어머니를 사랑하고 그리워하고 연민하는 내용의 글이 여러 편이 있다. 「감꽃 핀 자리」에서 알츠하이머로 기억을 잃어가는 어머니를 돌보는 아들은 자기가 아기였을 때 싼 똥을 두고 감꽃이 떨어져 무더기로 괴어있는 것 같아 그 감꽃을 손으로 치웠다고 하신 어머니 말씀을 기억한다. 그런 내 어머니가 죽음을 향해 보편적 삶의 수순을 밟아가는 것에 가슴 아프다. 어머니는 그에게 단 한 분의 어머니니까. 이 작품은 어머니라는 보편적 소재를 가지고 작가만의 독특한(개별적) 방식의 내용과 형식을 만들어내고 있다. 자기 어머니가 저 보편성에 묻히길 원치 않는 작가의 안타까움과 그리움이 오롯하게 전해지는 작품이다. 「밥이라 쓰고 법이라 읽는다」, 「어여 가거라, 바로 오너라」, 「초혼招魂」 등의 수필을 통해 사모곡은 이어진다. 특히 「초혼」은 최근작으로 어머니를 그리고 기리는 작가의 마음이 가장 극명하게 드러난 작품이지만 여기서는 생략한다.

8. 한 시대, 태기泰紀의 돌탑으로 증언하다

김정태의 수필집 『바람소리』에는 작가가 살아온 시대의 기록이 문학적 외피를 두르고 존재한다. 작품들에는 60년대에서 지금까지 작가가 살았던 한 시대의 역사와 문화, 그리고 사람살이의 모습이 담겨있다. 「나비물」에서는 우물이 수도로 바뀌는 문명으로 가기 전, 사람들이 물을 어떻게 사용했는지를 통해 그 시대, 그곳에서 살던 사람들의 지혜를 말해준다. 그뿐만 아니라 '허드렛물이 나비 날개 모양으로 쫙 퍼지며 마당의 뽀얀 흙먼지를 안고 바닥에 가라앉을 때 나비의 춤사위가 된 물의 모습은 최고조에 달한다'처럼 작가의 시적인 문장은 '허드렛물'에조차 문학(예술)성을 부여한다.

「바람 일던 날의 풍경」에서는 20세기 후반의 세기말적 분위기가 물씬 풍겨 나온다. 을씨년스럽고 쓸쓸한 서울의 뒷골목이 등장하고, 그가 결혼 후 살았던 당산동에서의 불안정한 날들의 정서가 쓸쓸한 삶의 모습으로 형상화된다. 작가에겐 시골집의 '부엌 궁둥이에 얼굴 채 묻고 싶은 날'들이다. 동시대를 살았던 독자들에겐 회상의 계기와 문학적 공감도를 높여줄 뿐 아니라 문학사적으로 의미가 있는 작품이다. 이 글에서 작가는 자기 삶과 마음이 불안하고 흔들렸던 만큼, 한국 사회의 정치, 경제적 변화가 불안정했음도 나란히 위치시킨다.

대한민국 국민의 삶은 보편적이지만 개체적 입장에서의 삶은 모두 의미가 다르고 특별하다. 수필 「역사와 나 그리고 돌멩이」는 대한민국 정치적 상황에서 한 국민이었던 그가 어떤 삶을 살았고, 어떻게 대응하며 그 시대를 건널 수 있었는지의 사실적 서사를 문학적으로 변용하여 썼다. 글로 남은 저 작품은 문학 속에서 그 시대를 기억하고 돌아보며 현재와 미래를 이어가고 오래도록 남을 것이다. 우리는 종종 기록문학을 만난다. 기록문학은 리얼리즘적 외피를 둘러 실제 했던 사실을 보여주거나 말하고 있는 것이기도 하지만, 사실은 경험한 사실보다 훨씬 더 많은 진실을 담고 있다. 문학은 경험의 진술 층위에서 하지 못한 이야기를 상상으로 변용하여 애기할 수 있기 때문이다. 그러한 독법으로 「역사와 나 그리고 돌멩이」를 읽다 보면 격동의 근대사 속에서 그가 어떤 생각과 가치를 가지고 살았으며, 세상을 어떻게 바라보았는지를 짐작할 수 있다.

> 나의 이글은 내가 개별적으로 보고 듣고 겪은 일들에 기대 있다. 그러니 내 개인의 서사이지 이 나라 역사를 들춤에 미치지 못한다. 한 시대를 관통하며 새겨진 무늬는 나이테처럼 각자의 몸에 쟁여져 있고 더러 옹이로 박혀 있겠지만 거대한 흐름에 모두 편입되지는 못한다. 개인이 개별적으로 가지고 있다가 지층의 밑바닥에 돌멩이와 함께 매몰되기 일쑤다. 이 글도 어디쯤의 구비에서 자취를 감출 것이라고 나는 믿는다.
> ―「역사와 나 그리고 돌멩이」에서

그가 생각하는 역사관이다. 역사는 개인에게 지대한 영향을 미치나 역사는 그런 개인을 살피지 못한다. 개인은 역사의 피해자가 된다. 그러나 개인이 모여 역사를 만들어낸다는 사실은 엄연하다. 잘못된 역사가 있다면 그것을 바로 잡을 힘도 개인에게 있다. 개인이 응집하여 이루어진 시민, 국민에게 말이다. 이 수필은 30여 페이지가 넘는 중수필로 읽힌다. 왜 아니 그럴까. 그가 살았던 태기의 시대를 증언하는 글인데. 한 사람의 개인이었던 작가는 태어나자마자 4.19와

5.16을 지나 청소년기를 거치면서 반공이라는 이데올로기를 강요당하며 소외와 차별, 박탈감과 멸시를 경험해야 했다. 그 과정에는 5원 하던 호떡, 30원짜리 짜장면도 등장한다. 그 시절에 먹고 사는 일의 변화, 사람살이였다. 80년 대학 2학년이었던 그는 경찰에 끌려가 짧은 반성문을 쓰고 나온 후, 자기 의지와 상관없이 전투경찰에 입대한다. 시대의 이념에 저항하는 사람들에게 가스를 분사하며 지내던 그가 10·26 사태 이후 경기도의 남한산성에 오른다. 시대적 한계 속에서 듣는 숲속의 바람 소리는 부끄러운 왕조의 울음소리 같다는 생각이 들게 했고, 밤이 이슥토록 앉아있다 '대중없이 널려있는 돌멩이 중 하나를 집어 들고 밤길을' 내려왔다.

그때부터 작가는 어떤 지역을 다녀올 때마다 그곳의 돌멩이를 하나씩 주워오기 시작한 모양이다. 반복한 시간이 길다 보니 그의 집안 마당 한 편에는 돌무더기가 생겨났고, 그의 표현처럼 '전국 곳곳의 돌멩이 집합소'가 되었다.

> 내가 어릴 적 전혀 인식하지 못한 채 4·19와 5·16이 나와 주변을 스치고 갔듯, 주워온 돌멩이들도 그가 나고 누워있던 자리의 역사를 안고 있지는 않을까. 나이가 있을 것이고, 제가 처음 생겨난 고향 을 떠나 멀리 옮겨져 와 그곳에 뿌리를 박고 있는 것도 있지 않을까. 역사의 흐름에 따라 그 어딘가에서 더러는 군홧발에 밟히고 더러는 사람의 손에 잡혀서 다른 사람에게 던져졌을 것이다. 영문도 모른 채 아스

팔트에 처박히고 더러는 가루가 되어 화약 연기와 비벼졌을 것이다. 세월을 함께 한 돌들의 삶이 어디 그뿐이었을까. 이념의 깃발을 날리며 내려온 사람들에 의해 어린 이승복의 머리를 찍은 돌도 그곳 어디쯤에 아직 남아있을 것 같다.
— 「역사와 나 그리고 돌멩이」에서

 태기의 저 돌들은 저마다 역사를 품고 있을 뿐만 아니라 작가의 정신이 그대로 돌에 새겨져 있다. "도시에서 농촌에서, 바닷가에서 산 정상에서, 화약 연기 자욱하던 80년대 도회지의 어느 거리에서, 돌을 던지다 쫓기던 이가 헐떡이며 숨어들던 골목에서, 그렇게 모인 것들이 무더기를" 이루고 있으니 작가가 살았던 대한민국의 역사가 다 들어 있을 테다. 그래서 작가는 "주워 온 돌멩이의 평평한 면에는 어김없이 '태기泰紀 몇 년 ○○에서'라는 배서를" 써 두었다. 태기는 고등학교 시절부터 써온 치기 가득한 작가 중심으로 쓰는 기원紀元을 의미한다.
 저 태기의 시대는 작가에게는 물론이고, 대한민국 근현대사에서 매우 드라마틱하게 흘러온 시간이다. 역사의 소용돌이 속에서 한 개인인 작가는 좌절하고 절망하면서 그리고 소외 속으로 자신을 밀어 넣으면서 그만의 방식으로 역사를 기억하고 기록하는 방법을 선택했다. 그 시대의 신문지상이나 사람들의 입에 오르내릴 일을 한 사람도 아닌 그가, 부조리한 정치나 역사적 현장에 저항할 힘도 갖지 못한 그가, 한 세기에 걸쳐 살아온 자기 흔적을 돌탑으로 표상하였다. 말만 무성하게 혁명가니, 민주투사니 외치는 사람이 지금도 활보하고 있는 것을 보는 현실에서 작가 김정태와 그의 글들이 새삼 소중해 보인다. 거대 담론을 들먹이는 것보다 조용히 자기가 사는 세계에 작은 디딤돌 하나라도 놓는 행위가 더 의미 있는 일이다. 문학의 세계는 그럴 것이다. 가히 자기가 살았던 한 시대를 증언하는 아름답고도 숭고한 작업이고, 그 기록 또한 가치를 지니는 문학적 행위이다.

9. 어떤 기시감을 느끼며

우리 앞에 존재하는 세계와 삶에 대한 종합적 체험을 한다는 일이 불가능한 시대다. 인간의 오감은 휘황하게 반짝이는 외부의 세상에 현혹되어가고, 바쁜 일상은 그나마 독서를 방해한다. 이런 시기에 수필가 김정태의 수필집을 통해 그가 살았던 자연과 사람살이, 그리고 역사의 기록을 모두 읽게 되었다. 아니 그런 문학을 읽었다. 어쩌면 동시대를 살았기에 더 많이 공감하였을 것이다. 작품해설을 마치며 독자로서의 변도 한마디 허해준다면, 그의 글을 읽다 몇 번인가 공감의 미소를 흘리고, 사람에 대한 곡진한 그리움에 눈시울을 붉히고, 적절하거나 용의주도하게 잘 그려진 묘사와 풍경에는 고개를 끄덕이며 한 작가의 마음속을 여행하고 온 느낌이었다. 아니, 사람 사는 세상을 주유하고 돌아온 기분이었다. 그토록 여러 경로를 거치는 동안 문학적 의미를 새롭게 혹은 깊게 이야기해볼 수 있는 작품을 해설하려 했다. 작가의 개성을 드러내려는 의도였다. 작품해설의 방향을 8가지로 설정했으나 가장 큰 흐름이 작가의 염결성이 묻어나는 삶과 문학이었다. 수필집『바람소리』를 관통하는 주제였으며, 그 주제를 확장하여 줄기를 뻗어나가는 데에서 김정태 문학의 가치와 의미를 찾을 수 있었다.

인간 김정태에게는 전통 정서와 가치가 내재되어 있으나 삶에서의 경험을 문학적으로 재구성할 때는 형식에 파격을 가하거나 변용을 꾀하기도 한다. 이 두 가지가 서로를 견인하면서 수필을 쓰기 때문에 묘하게도 그의 글은 전통성의 내용과 형식의 새로움이 어긋난 듯 조화를 이루는 아이러니가 나타나기도 한다. 그의 글이 어느 한 지점에 고착되지 않고 작품마다 새롭게 읽히는 매력이기도 하다. 김정태의 이런 글쓰기 방식은 수필문학의 변화와 조응하면서 새로운 길을 모색하는 데 일조할 것으로 본다.

덧붙이면 그의 수필이 개인사의 기록에 머물지 않고 한 시대의 역사성까지 담보하고 있음을 통해 문학적 의의를 확장한다. 저 역사성에는 사회 정치의 역사뿐만 아니라 한 시대를 살았던 사람들의 사람살이, 인간이 존재할 때 할 수 있는 모든 행위, 즉 문화와 관습, 풍습, 사유방식까지 모두를 아우른다. 그 시대의 역사였다. 즉 사람의 역사였다. 그가 가족에게 보내는 안타까운 연민이나 그리움들은 기민한 그의 감각을 만나 문학으로 한껏 승화한다. 그 안에서 글쓰기의 유희성을 드러내며 형식의 변용도 실현했다. 그는 문학성을 지켜가면서 자유를 꿈꾸는 작가였다. 그 이면에는 그가 태어나고 자란 저 들판의 자유가, 감성이, 그가 가진 원초적 심성을 지켜가게 했고, 사람으로서의 염결성은 물론 문학적 염결성까지 이어가게 작동했을 것이다. 문학은 형식논리 속에서 새로움을 창조해가는 과정도 중요하지만, 그에 못지않게 서사 속에 숨은 깊은 함의를 찾는 일도 중요하다. 김정태의 『바람소리』에서 두 가지의 문학적 가치를 논해보려 했다. 그의 수필에는 양면의 날이 다 숨겨져 있기 때문이다. 그런 이유로 문학의 형식논리와 함께 그의 문학에 담긴 인간의 진실성을 찾는 일에도 집중했다.

이제 작가 김정태가 그만의 독특한 문학세계를 꾸려가는 과정을 지켜보는 즐거움이 남았다. 순수한 독자의 즐거움이기도 하다. 기꺼운 기시감이다.

바람소리

인쇄 2025년 11월 20일
발행 2025년 11월 25일

지은이 김정태
발행인 서정환
펴낸곳 수필과비평사
주소 서울시 종로구 삼일대로 32길 36(익선동 30-6 운현신화타워) 305호
전화 (02) 3675-3885 (063) 275-4000 · 0484
팩스 (063) 274-3131
이메일 essay321@daum.net
출판등록 제300-2013-133호
인쇄·제본 신아출판사

저작권자 ⓒ 2025, 김정태

이 책의 저작권은 저자에게 있습니다.
서면에 의한 저자의 허락없이 내용의 일부를 인용하거나 발췌하는 것을 금합니다.

저자와 협의, 인지는 생략합니다.
잘못된 책은 바꿔 드립니다.

이 책은 2025년 충북문화재단 예술창작지원사업 지원금을 받아 발간되었습니다.

ISBN 979-11-5933-614-0 03810
값 15,000 원

Printed in KOREA